Robin Hood

로빈 후드

로빈 후드

First edition: October 2009

TEL (02)2000-0515 | FAX (02)2271-0172

ISBN 978-89-17-23762-7

YBM Reading Library 는 ...

쉬운 영어로 문학 작품을 즐기면서 영어 실력을 크게 향상시킬 수 있도록 개발된 독해력 완성 프로젝트입니다. 전 세계 어린이와 청소년들에게 재미와 감동을 주는 세계의 명작을 이제 영어로 읽으세요. 원작에 보다 가까이 다가가는 재미와 명작의 깊이를 느낄 수 있을 거예요.

350 단어에서 1800 단어까지 6단계로 나누어져 있어 초·중·고 어느 수준에서나 자신이 좋아하는 스토리를 골라 읽을 수 있고, 눈에 쉽게 들어오는 기본 문장을 바탕으로 활용도가 높고 세련된 영어 표현을 구사하기 때문에 쉽게 읽으면서 영어의 맛을 느낄 수 있습니다. 상세한 해설과 흥미로운 학습 정보, 퀴즈 등이 곳곳에 숨어 있어 학습 효과를 더욱 높일 수 있습니다.

이야기의 분위기를 멋지게 재현해 주는 삽화를 보면서 재미있는 이야기를 읽고, 전문 성우들의 박진감 있는 연기로 스토리를 반복해서 듣다 보면 리스닝 실력까지 크게 향상됩니다.

세계의 명작을 읽는 재미와 영어 실력 완성의 기쁨을 마음껏 맛보고 싶다면, YBM Reading Library와 함께 지금 출발하세요!

YBM Reading Library

책을 읽기 전에 가볍게 워밍업을 한 다음, 재미있게 스토리를 읽고, 다 읽고 난 후 주요 구문과 리스닝까지 꼭꼭 다지는 3단계 리딩 전략! YBM Reading Library, 이렇게 활용하세요.

Before the Story

Words in the Story
스토리에 들어가기 전, 주요 단어를 맛보며 이야기의 분위기를 느껴 보세요~

In the Story

★ 스토리
재미있는 스토리를 읽어요. 잘 모른다고 멈추지 마세요. 한 페이지, 또는 한 chapter를 끝까지 읽으면서 흐름을 파악하세요.

★★ 단어 및 구문 설명
어려운 단어나 문장을 마주쳤을 때, 그 뜻이 알고 싶다면 여기를 보세요. 나중에 꼭 외우는 것은 기본이죠.

One morning, Robin was walking in the forest.
He came to a little stream with a narrow bridge across it.
On the other side of the river was a stranger.
He was very tall and wide and he carried a long, thick stick.
"Step aside and let me pass," called Robin.
"No," said the stranger. "You let me pass or I'll hit you with this stick. I'm a better man than you." *
"We'll see who is the better man," said Robin.
★ "I'll fight you."
Robin cut a long branch from a tree.
Then he shaped it with his knife.
"Now," said Robin. "The first to fall into the stream is the loser."
Robin stepped quickly to the middle of the bridge.
The stranger did too.

★★
□ narrow 좁은
□ bridge 다리
□ stranger 낯선 사람
□ wide 옆으로(몸집이) 큰
□ carry 가지고 있다
□ thick 두꺼운, 두툼한

□ stick 나무 막대기, 장대
□ step aside 비켜 서다
□ pass 지나가다
□ shape 다듬다
□ loser 지는 사람, 패배자
□ step 걸음을 옮기다

24 • Robin Hood

★★★ 돌발 퀴즈
스토리를 잘 파악하고 있는지 궁금하면 돌발 퀴즈로 잠깐 확인해 보세요.

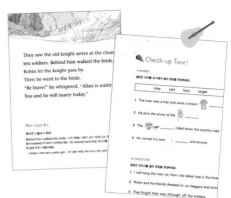

They saw the old knight arrive at the churc...
ten soldiers. Behind him walked the bride.
Robin let the knight pass by.
Then he went to the bride.
"Be brave!" he whispered. "Allan is waitin...
You and he will marry today."

Mini-Less⊙n

부사구 + 동사 + 주어
Behind him walked the bride. (그의 뒤에는 신부가 걸어 오고 있었다.) 처럼 방향...
향(walked)의 위치가 바뀌어 나타나는데요, 이는 behind him(그의 뒤에) 라는 부사구가...
한 경우 주어가 제일 뒤에 와요.
· Under a tree sat a pretty girl. (나무 밑에 예쁜 소녀 하나가 앉아 있었다.)

Mini-Lesson
너무나 중요해서 그냥 지나칠 수 없는
알짜 구문은 별도로 깊이 있게 배워요.

🔖 Check-up Time!

◆ WORDS
알맞은 단어를 보기에서 골라 문장을 완성하세요.

| robe | cart | bow | target |

1 The man was a friar and wore a brown
2 He shot the arrow at the _____
3 The _____ rolled down the country road!
4 He carried his best _____ and arrows.

◆ STRUCTURE
알맞은 전치사를 골라 문장을 완성하세요.
1 I will hang the man (at, from) the tallest tree in the fores...
2 Robin and his friends dressed (in, as) beggars and store...
3 They fought their way (through, off) the soldiers.

Check-up Time!
한 chapter를 다 읽은 후 어휘, 구문,
summary까지 확실하게 다져요.

Focus on Background
작품 뒤에 숨겨져 있는 흥미로운 이야기를
읽으세요. 상식까지 풍부해집니다.

★ ★ ☆ 🎯 로빈 후드와 덩치 큰 사내는 무엇으로 싸울 건가요?
L a. 활과 화살   b. 나무 막대   c. 칼
정답풀이

Mini-Less⊙n

with : (도구 · 수단) …로, …을 써서
with 다음에 도구나 수단을 나타내는 물건이 오면 '…로, …을 써서' 라는 뜻이 된답니다.
· I'll hit you with this stick. 나는 이 막대로 당신을 칠 것이에요.
· He shaped it with his knife. 그는 칼로 그것을 다듬었다.

Chapter 1 · 25

After the Story

Reading X-File 이야기 속에 등장했던
주요 구문을 재미있는 설명과 함께 다시 한번~

Listening X-File 영어 발음과 리스닝 실력을 함께
다져 주는 중요한 발음법칙을 살펴봐요.

MP3 Files
www.ybmbooksam.com에서 다운로드 하세요!

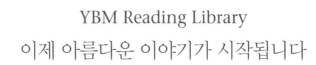

YBM Reading Library

이제 아름다운 이야기가 시작됩니다

Robin Hood

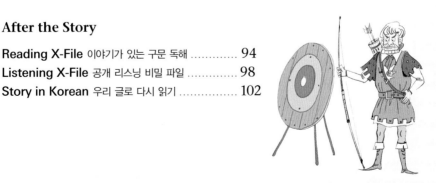

Howard Pyle (1853~1911)

하워드 파일은 …

미국 델라웨어 주 윌밍턴(Wilmington) 시에서 태어났으며 어릴 때부터 책읽기를 좋아하고 글 솜씨와 그림 솜씨가 뛰어났다. 그림 학교에 진학하여 그림을 본격적으로 배운 그는 졸업 후 로빈 후드의 전설을 모아 재미있게 정리하고 직접 그림도 그려 하퍼스 위클리(Harper's Weekly)라는 잡지에 기고하였는데, 이것이 큰 인기를 끌게 되었다.

이후 파일은 직접 글도 쓰고 그림도 그린 〈아서 왕과 그의 기사들(The Story of King Arthur and His Knights)〉, 〈하워드 파일의 해적 이야기(Howard Pyle's Book of Pirates)〉, 〈환상의 시계(The Wonder Clock)〉, 〈은손의 오토(Otto of the Silver Hand)〉 등과 같은 작품들을 출간하여 작가적 명성을 확고히 하였다. 또한 후진 양성에도 관심을 가져 필라델피아의 드렉셀 연구소에서 그림을 가르치는 한편 윌밍턴에 하워드 파일 미술학교를 세우기도 하였다.

어린이들을 위한 글을 쓰고 그림을 그리는 일에 평생을 바친 파일은 유럽과 차별되는 미국적인 화풍을 개척하고 확립했을 뿐 아니라 아동 문학에 지대한 공헌을 한 것으로 평가받고 있다.

Robin Hood

로빈 후드는 …

12~13세기 영국 노팅엄에 살았던 전설적인 인물로, 뛰어난 활 솜씨로 나쁜 관리와 귀족을 혼내주고 가난하고 불쌍한 사람들을 도와준 의적으로 알려져 있다. 입으로 전해져 오는 로빈의 모험담을 많은 작가들이 글로 옮겼지만 파일의 〈로빈 후드〉가 가장 흥미진진한 것으로 평가되고 있다.

활쏘기 대회에 참가하기 위해 셔우드 숲을 통과하던 로빈은 뜻하지 않게 왕실 소유의 사슴을 죽인다. 이 일로 로빈은 무법자가 되어 숲에 숨어 살면서 뛰어난 활 솜씨를 바탕으로 주변에 모여든 무법자들의 우두머리가 되어 가난한 사람들을 돕는 의적으로 살아간다. 욕심 많은 노팅엄 주지사는 백성들에게 인기가 있는 로빈이 못마땅해 그를 붙잡으려고 하지만 번번이 실패하고 만다. 십자군 원정에서 돌아온 리처드 왕은 로빈 후드의 소문을 듣게 되고 로빈을 찾아가 그의 사람 됨됨이를 알아보고는 헌팅던 백작으로 임명한다.

초록색 옷을 입고 가난한 이웃을 도우며 나쁜 사람들을 혼내주는 셔우드 숲의 영웅 로빈 후드는 오늘날에도 사람들의 가슴에 진정한 영웅으로 새겨져 많은 사랑을 받고 있다.

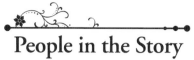

People in the Story

로빈 후드의 이야기에 등장하는 인물들을 함께 살펴 볼까요?

Little John & Friar Tuck & Will Scarlet

로빈 후드의 부하이자 친구들.
뛰어난 싸움 솜씨로 로빈 후드를
돕는다.

Robin Hood

영국 최고의 궁수. 왕의 사슴을 죽인
사건 이후 무법자가 된다. 셔우드 숲에
서 유쾌한 사람들의 대장이 되어 욕심
많은 부자들을 혼내준다.

Sheriff of Nottingham

욕심 많은 노팅엄 주지사. 로빈 후
드와 그의 부하들을 잡기 위해 애쓰
지만 번번이 실패한다.

King Richard

사자왕이라는 별명을 지
닌 영국의 왕. 십자군 원
정에서 돌아온 후 로빈
후드의 소문을 듣고 셔우
드 숲으로 그를 찾아간다.

Maid Marian

로빈 후드의 어릴 적 친구.
포악한 존 왕자에게 재산을
빼앗기고 셔우드 숲으로 들
어온다.

Words in the Story

archery contest
활쏘기 대회
(= shooting contest)

hood
두건

shaft
(화살의) 자루

archer
궁수, 사수

arrow
화살

bow
활

fighter
전사, 무사

battle
싸움

block
막다

wide
덩치가 큰

staff
장대

narrow bridge
좁은 다리

stream
시내, 개울

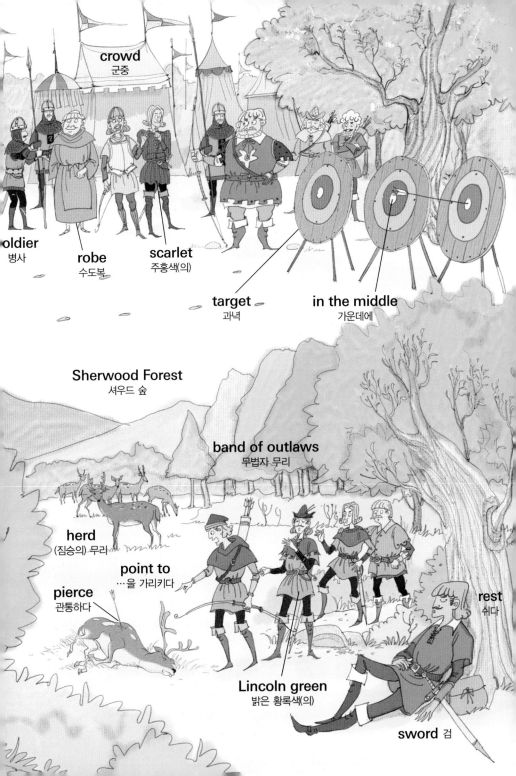

crowd
군중

soldier
병사

robe
수도복

scarlet
주홍색(의)

target
과녁

in the middle
가운데에

Sherwood Forest
셔우드 숲

band of outlaws
무법자 무리

herd
(짐승의) 무리

point to
…을 가리키다

pierce
관통하다

Lincoln green
밝은 황록색(의)

rest
쉬다

sword 검

a Beautiful Invitation
– YBM Reading Library

Robin Hood

Howard Pyle

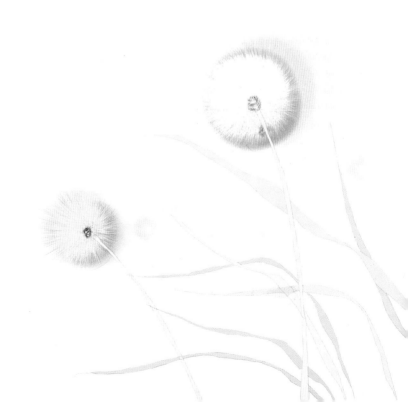

Robin Hood, an Outlaw

무법자 로빈 후드

In England, many years ago, an outlaw lived in
Sherwood Forest.* 셔우드 숲은 영국 중부의 주 Nottinghamshire
(노팅엄셔)에 있던 옛 왕실 소유의 숲이에요.
His name was Robin Hood. He had a happy
childhood.
And then, one day, he became an outlaw.
This is how it happened.

When Robin was eighteen, a shooting contest was
held in Nottingham. Robin was sure he could win. ¹
So he set off for the town with his best bow and
arrows.

☐ outlaw 무법자
☐ This is how it happened.
　일의 발단은 다음과 같다.
☐ shooting contest 활쏘기 대회
　(= archery contest)

☐ set off for …을 향해 출발하다
☐ bow 활
☐ arrow 화살
☐ lad 젊은이, 소년, 녀석
☐ win a prize 상을 타다

As he walked through Sherwood Forest, a group of
men stopped him.

A big man called to him. "Hello, little lad! Where
are you going with your toy bow and baby arrows?"
This made Robin angry.

"My bow and arrows are as good as yours," [2]
he said. "I'm going to Nottingham. I hope to win
the prize in the archery contest."

---

1 **be sure (that) + 주어 + 동사** …가 반드시 ~하다고 생각하다(확신하다)
  Robin was sure he could win.
  로빈은 자신이 반드시 우승할 거라고 생각했다.

2 **as good as** …만큼 좋은
  My bow and arrows are as good as yours.
  나의 활과 화살은 당신 것만큼이나 좋아요.

"Ha, ha, ha," said another man. "You'll never win.
Go home and don't waste your time."
Robin grew very angry. [1]
He pointed to some deer a little way off.
"Do you see those deer? I'll bet you I can shoot one." [2]
The big man laughed and said, "If you do that, I'll
give you three silver shillings." ☀
Robin put an arrow into his bow. He aimed and shot
at the deer. The arrow flew toward the strongest
deer in the herd. The deer fell to the ground.
"You shot one of the King's deer!" said the big man.
"His men will catch you and cut off your ears!"
"Grab him!" cried another man.

☐ point to …을 가리키다
☐ deer 사슴 (단수 복수 동일)
☐ a little way off 멀찌감치 떨어진
☐ shilling 실링; 1971년 이전의 영국의
　화폐 단위
☐ put an arrow into one's bow
　화살을 활에 끼우다
☐ aim 맞추다, 겨냥하다

☐ shoot at …을 겨냥하여 쏘다
　(shoot-shot-shot)
☐ fly 날아가다 (fly-flew-flown)
☐ herd (짐승의) 무리, 떼
☐ one's men …의 부하들
☐ cut off 잘라내다
☐ grab 붙잡다, 체포하다

1　**grow + 형용사** 점점 …하다 (해지다)
　Robin grew very angry. 로빈은 점점 화가 났다.
2　**I'll bet you (that) + 주어 + 동사** …가 ~라고 장담하다
　I'll bet you I can shoot one. 내가 사슴 한 마리를 쏠 수 있다고 장담해요.

Mini-Lesson

현재나 미래에 대한 가정을 하고 싶을 때는?

'만일 …라면 ~할 것이다' 라고 현재나 가까운 미래를 가정할 때는 어떻게 하면 될까요?
「If + 주어 + 현재형 동사, 주어 + will/can/may + 동사원형」의 형태로 하면 된답니다.

• If you do that, I'll give you three silver shillings.   네가 그렇게 한다면, 너에게 은화 3실링을 주마.
• If I have time this Sunday, I can visit you.   이번 일요일에 시간이 나면 너를 찾아갈 수 있겠다.

Robin turned and walked away.

But the big man fired an arrow at Robin. The arrow
flew past Robin's head.

Robin turned and fired an arrow at the man.

It pierced the man's heart and he fell down dead.

Robin ran away through the forest. The happiness
he had felt earlier was gone. [1]

□ fire an arrow at …을 향해 화살을
　쏘다
□ past …을 지나서
□ pierce 꿰뚫다, 관통하다
□ fall down dead 쓰러져 죽다
　(fall-fell-fallen)

□ mean to+동사원형 … 할 작정이다
　(mean-meant-meant)
□ for the rest of one's life 죽을 때
　까지, 여생을
□ hide 숨다 (hide-hid-hidden)
□ sheriff 주지사, 영주
□ vow+동사원형 …하기로 맹세하다

1 **had + 과거분사** (과거완료) 과거보다 이전에 일어난 일을 나타냄
　The happiness he had felt earlier was gone.
　그가 이전에 느꼈던 행복은 사라졌다.

"Oh," he thought, "I never meant to kill him.
I will carry this pain with me for the rest of my life."
After that, he hid in the forest and lived there as an
outlaw. ☀
The Sheriff of Nottingham heard about this and
vowed to catch Robin Hood.

Mini-Less☀n

as : …로(서)

as에는 여러 뜻이 있지만 자격을 나타내는 전치사로 '…로(서)'라는 뜻으로 쓰일 때가 있어요.

• After that, he hid in the forest and lived there as an outlaw.
  그 일이 있은 후 로빈은 셔우드 숲에 숨어서 무법자로 살았다.
• My grandmother worked here as a cook. 우리 할머니는 여기서 요리사로 일하셨다.

Over time, Robin met other men who lived in the
forest. They were all outlaws.
Some had shot the King's deer to feed their families.
Others had stolen bread for their children. [1]
Within a year the men had chosen Robin as their
leader.

Robin and his band of outlaws called themselves
the Merry Men.

They always wore Lincoln green clothes.

They promised to fight evil men and never hurt a
woman or a child.

They would take money from the rich people, [2]
and give it to the poor people.

Soon Robin and his Merry Men became famous.

The people of Nottingham trusted Robin and his men.

They told stories about his adventures.

Robin Hood was their hero.

And this made the Sheriff very angry.

□ **over time** 시간이 지나면서
□ **feed one's family** …의 가족을 먹여 살리다
□ **steal** 훔치다 (steal-stole-stolen)
□ **choose A as B** A를 B로 뽑다
□ **band** 무리, 부대
□ **Lincoln green** 밝은 황록색(의)

□ **promise to+동사원형** …하기로 약속하다
□ **fight** 싸우다 (fight-fought-fought)
□ **evil** 사악한, 나쁜
□ **hurt** 해치다
□ **trust** 믿다, 신뢰하다

---

1 **some ..., others ~** 어떤 사람들은 …, 다른 사람들은 ~
Some had shot the King's deer to feed their families.
Others had stolen bread for their children. 어떤 사람들은 가족을 먹여 살리기 위해 왕의 사슴을 쏘았고, 다른 사람들은 자식을 위해 빵을 훔쳤다.

2 **would** (과거의 습관) …하곤 했다
They would take money from the rich people, and give it to the poor people. 그들은 부자에게서 돈을 빼앗아 가난한 사람들에게 나누어 주곤 했다.

One morning, Robin was walking in the forest.

He came to a little stream with a narrow bridge across it.

On the other side of the river was a stranger.

He was very tall and wide and he carried a long, thick stick.

"Step aside and let me pass," called Robin.

"No," said the stranger. "You let me pass or I'll hit you with this stick. I'm a better man than you." ☀

"We'll see who is the better man," said Robin.

"I'll fight you."

Robin cut a long branch from a tree.

Then he shaped it with his knife.

"Now," said Robin. "The first to fall into the stream is the loser."

Robin stepped quickly to the middle of the bridge.

The stranger did too.

□ narrow 좁은
□ bridge 다리
□ stranger 낯선 사람
□ wide 덩치가(몸집이) 큰
□ carry 가지고 있다
□ thick 두꺼운, 두툼한

□ stick 나무 막대기, 장대
□ step aside 비켜 서다
□ pass 지나가다
□ shape 다듬다
□ loser 지는 사람, 패배자
□ step 걸음을 옮기다

❓ 로빈 후드와 덩치 큰 사내는 무엇으로 싸울 건가요?
L a. 활과 화살　　b. 나무 막대　　c. 칼

정답 b

Mini-Less☀n

with : (도구 · 수단) …로, …을 써서

with 다음에 도구나 수단을 나타내는 물건이 오면 '…로, …을 써서' 라는 뜻이 된답니다.

• I'll hit you with this stick 나는 이 막대로 당신을 칠 것이오.
• He shaped it with his knife. 그는 칼로 그것을 다듬었다.

□ swing A at B A를 B에 휘두르다
　(swing-swung-swung)
□ staff (무기가 되는) 기다란 자루, 장대
□ blow 타격
□ miss 빗나가다
□ bruised 멍든
□ sore 아픈, 피부가 까진
□ attack 공격하다

□ block 막다
□ with a loud splash 크게 첨벙 소리
　를 내며
□ offer A to B A를 B에게 내밀다
□ climb out of …에서 기어올라오다
□ beat …을 이기다
　(beat-beat-beat(en))
□ before long 머지 않아, 곧

Robin swung his staff at the stranger's body.
The stranger swung his staff at Robin. Robin
jumped back and the blow missed. At the end of
the hour both men were bruised and sore.
Finally the stranger hit Robin's head.
Robin grew angry and attacked the stranger.
But the stranger blocked and hit Robin again.
Robin fell into the stream with a loud splash!
The stranger laughed. Then he offered the end of
his staff to Robin. Robin climbed out of the stream.
"You're the only man that has ever beaten me in
a fight," said Robin. "What is your name?"
"I am called John Little," said the stranger.
Robin looked up at this giant man and laughed.
"John Little?" said Robin. "Well, I think I will call
you Little John. Come join my band of men."
Little John agreed.
Before long, Little John was Robin's closest friend.

Mini-Lesson

See p. 94

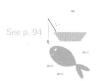

the only + 사람 + that절 : …한 유일한 사람
• You're the only man that has ever beaten me in a fight.
  당신은 지금껏 싸움에서 나를 이긴 유일한 사람이오.
• She is the only girl that I love. 그녀는 내가 사랑하는 유일한 소녀다.

Check-up Time!

● WORDS

알맞은 단어를 보기에서 골라 문장을 완성하세요.

| climbed | swung | pointed | pierced | vowed |

1 Robin _____ to some deer a little way off.

2 The arrow _____ the man's heart and he fell down dead.

3 Robin _____ out of the stream.

4 Robin _____ his staff at the stranger's body.

5 The Sheriff _____ to catch Robin Hood.

● STRUCTURE

with가 보기와 같은 뜻으로 쓰인 문장을 고르세요.

> I will hit you <u>with</u> this stick.

a. Robin set off for the town <u>with</u> his bow and arrows.

b. I will carry this pain <u>with</u> me for the rest of my life.

c. Robin shaped the branch <u>with</u> his knife.

● COMPREHENSION

이야기의 흐름에 맞게 순서를 정하세요.

a. Robin ran away through Sherwood Forest.

b. Robin fired an arrow at the big man.

c. Robin and his band called themselves the Merry Men.

d. Robin fell into the stream with a loud splash.

(   ) → (   ) → (   ) → (   )

● SUMMARY

빈 칸에 맞는 말을 골라 이야기를 완성하세요.

When Robin was eighteen, he set off for Nottingham town to win the prize in the (   ). But in Sherwood Forest, he killed the King's (   ) and a big man. After that Robin hid in the forest and lived there as an (   ). Over time, he met many other outlaws in the forest and they chose Robin as their (   ).

a. outlaw

b. leader

c. deer

d. archery contest

ANSWERS

Comprehension | (b)→(a)→(c)→(d)

Summary | d, c, a, b

Shooting Match

활쏘기 대회

The Sheriff of Nottingham wanted to
catch Robin Hood.
One day, he had an idea. He
would have a shooting contest
and offer a prize.
The prize would be a fine
golden arrow.
Robin Hood was the best
archer in the land.
He was sure to enter the contest.
Then the Sheriff would arrest him.

☐ shooting match 활쏘기 대회(시합)
  (= shooting contest)
☐ offer 주다, 제공하다
☐ fine golden 순금의
☐ archer 궁수, 사수
☐ enter (경기에) 참가하다
☐ arrest 체포하다

☐ hear about …에 관한 이야기를(소문
  을) 듣다 (hear-heard-heard)
☐ village 마을
☐ trap 함정
☐ capture 잡다
☐ friar 수도사
☐ beggar 거지
☐ storekeeper 상점 주인

Robin heard about the contest.
"I want to enter the contest,"
Robin said to his men.
"Who will come with me?"
"Robin," said Little John,
"the village people think
this contest is a trap.
The Sheriff wants
to capture you."
"He won't catch us,"
said Robin.
"We will wear disguises." [1]
Robin and his men
dressed as friars and [2]
beggars and storekeepers.
Then they went to Nottingham.

---

[1] **wear a disguise** 변장하다
He won't catch us. We will wear disguises.
그는 우리를 못 잡을 거요. 우리는 변장을 할 겁니다.

[2] **dress as** …로 변장하다
Robin and his men dressed as friars and beggars and storekeepers.
로빈과 그의 부하들은 수도사와 거지, 상점 주인으로 변장했다.

Everyone in the town attended
the contest.
The Sheriff and his wife sat in
chairs high above the shooting
range.
A childhood friend of Robin's,
Maid Marian, sat beside
them.
Her father, the Earl of
Huntingdon, sat beside her.
The Sheriff looked for Robin Hood.
He knew Robin and his men always
wore Lincoln green clothes.
But no one in the crowd wore Lincoln green.
The archers shot the first round.

☐ attend 참석하다
☐ shooting range 사격장
☐ childhood 어린 시절의
☐ earl (영국의) 백작
☐ maid 미혼 여성, 처녀
☐ crowd 모인 사람들, 군중
☐ round 한 차례 시합
☐ hood 두건, 두건 모양의 모자

☐ patch 안대
☐ remain 남다
☐ target 과녁
☐ exactly 정확히
☐ in the middle 가운데에
☐ strike 치다
　(strike-struck-struck)

1 **be dressed in + 색** …색으로 차려 입다
The last man was dressed all in red.
마지막 남자는 전부 붉은 색으로 차려 입었다.

Then the ten best archers were chosen to shoot again.

Six of the men were famous archers. Two of the

other men were from Yorkshire.* 요크셔는 영국 북부에 있는
아주 커다란 주랍니다.

Another man was from London.

The last man was dressed all in red. [1]

He wore a hood on his head and a patch over his

right eye.

Finally, only two men remained in the contest.

The man from London shot first. His arrow hit the

target almost exactly in the middle.

The man in red shot next. His arrow struck the

exact center of the target.

❓ 첫 시합 후 몇 명이 선발되었나요?

└ a. ten   b. six   c. two

정답 e

"Well done," shouted the Sheriff.

He hurried up to the stranger.

"Here is your prize," he said. "What is your name?"

"I am Rob the Stroller," said the stranger.

"You are the best archer I've ever seen," said the

Sheriff. "I believe you are better than Robin Hood.

That coward didn't show his face here today.

Will you come and work for me?"

"No," said the stranger. "No man in England will be

my master."

"Then go," shouted the Sheriff. "Leave town before

I order my men to beat you." [1]

"Yes, Sheriff," said the stranger.

He walked away from the Sheriff and went to

Maid Marian.

□ Well done. 잘 했어.
□ hurry up to 급히(서둘러) …로 가다
□ prize 상
□ stroller 방랑자, 떠돌이
□ coward 겁쟁이, 비겁자
□ master 주인

□ beat 혼내다, 두들겨 패다
　(beat-beat-beat(en))
□ accept 받아주다
□ bow 머리를 숙이다, 허리를 굽히다
□ reply 대답하다

[1] **order＋목적어(A)＋to＋동사원형(B)** A에게 B하라고 명령하다
Leave town before I order my men to beat you.
내 부하들에게 너를 두들겨 패라고 명령하기 전에 어서 마을을 떠나라.

"Maid Marian," he said, "please accept this gift."
He bowed and gave her the fine golden arrow.
"Thank you, Rob in the Hood," she replied
with a smile.

Mini-Less·on

최상급 다음에 ever가 오면?

최상급 다음에 오는 ever는 흔히 현재완료 시제와 함께 '지금까지 … 중 가장 ～한'
이라는 뜻을 만들어 최상급의 의미를 강화시켜 줍니다.

• You are the best archer I've ever seen.
  자네는 내가 지금까지 본 궁수 중 가장 활을 잘 쏘는 궁수라네.
• That is the most interesting story I have ever heard.
  그것은 내가 지금까지 들어본 이야기 중 가장 재미있는 이야기다.

That night, the men in Sherwood Forest celebrated.
Robin took off his red coat and eye patch.

"The Sheriff called me a coward," said Robin. "Who
will tell him that Robin Hood won the golden
arrow?"

"Don't worry, Robin," said Little John. "Will Stutely
and I will send the Sheriff a message." ☀

☐ celebrate 축하하다
☐ take ... off …을 벗다
☐ win (상을) 타다, 획득하다
   (win-won-won)
☐ servant 하인
☐ bring 가져오다
   (bring-brought-brought)
☐ a piece of paper 종이 한 장

☐ be tied around …에 묶여 있다
☐ shaft (화살의) 자루
☐ Bless you. 그대에게 신의 축복이
   있기를.
☐ give ... away (상을) 수여하다
☐ escape 도망가다
☐ soldier 병사
☐ capture 잡다

The next day, a servant brought the Sheriff an arrow.
A piece of paper was tied around the shaft. The
Sheriff read the message on the paper.

> "Bless you Sheriff, for today
> you did give the prize away,
> to the merry outlaw, Robin Hood."

"I'll hang that outlaw from the tallest tree in [1]
Sherwood," shouted the Sheriff. "Robin Hood won't
escape again."
He sent three hundred of his soldiers into
Sherwood Forest to capture Robin.
The soldiers searched for seven days. But they never
saw Robin or his men.

[1] **hang A from B** A를 B에 매달다
I'll hang that outlaw from the tallest tree in Sherwood.
내 저 무법자를 셔우드 숲의 가장 높은 나무에 매달고 말테다.

Mini-Less⚬n

2개의 목적어를 가지는 동사

send, bring, give, tell 등의 동사 뒤에는 2개의 목적어 즉, 「간접목적어(…에게)+
직접목적어(…을)」가 나란히 올 수 있답니다.

• I will send the Sheriff a message. 내가 주지사에게 메시지를 보내겠소.
• A servant brought the Sheriff an arrow. 하인이 주지사에게 화살 하나를 가져왔다.

Robin had learned of the Sheriff's plan [1]
at the Blue Boar Inn. ★ 블루 보어 여관은 로빈 후드에게
소식통 역할을 해 주고 있는 것 같네요.

At first, Robin thought about fighting.

But he finally decided to hide until the Sheriff's
men left the forest.

But on the eighth day, Robin sent Will Stutely to
find out what the soldiers were doing.

Will dressed as a friar. He put a brown robe over his
suit of Lincoln green. Then he went to the Blue
Boar Inn to talk to the innkeeper.

Some soldiers were at the inn, but Will was not afraid.
As he sat down, the innkeeper's cat rubbed around
his legs.

The soldiers saw the green clothes under Will's robe.
So they captured Will and took him to the Sheriff.

The innkeeper sent his daughter to tell Robin the
news.

"They will hang Will tomorrow," she said.

"No, they won't," said Robin. "We will save him."

---

1 **learn of** …에 대해 (들어서) 알다
Robin had learned of the Sheriff's plan at the Blue Boar Inn.
로빈은 블루 보어 여관에서 주지사의 계획에 대해 알게 되었다.

□ boar 멧돼지
□ at first 처음에는
□ think about ···할까 생각하다
□ decide to + 동사원형 ···하기로 결심
　하다
□ find out 알아내다
□ robe (성직자의) 긴 겉옷, 수도복

□ suit 의복
□ innkeeper 여관 주인
□ afraid 두려워하는
□ rub 문지르다, 비비다
□ hang 목매달아 죽이다, 교수형에 처하다
　(hang-hung-hung)

Early next morning,
Robin and his men arrived at Nottingham town.
They waited outside the town gates until afternoon.
Soon a crowd began to gather. Everyone knew that
brave Will Stutely would be hanged that day.
Finally a cart rolled through the gates with Will
inside. The Sheriff of Nottingham rode alongside.

□ gate 성문
□ gather 모이다
□ be hanged 교수형에 처해지다,
　　목이 졸려 죽다
□ cart 수레
□ roll (탈것이) 달리다
□ ride 말을 타고 가다
　　(ride-rode-ridden)
□ alongside 옆에, 나란히

□ leap into …로 뛰어들다
□ get out of …에서 빠져나가다
□ guard 호위병, 수비대
□ fight 싸우다 (fight-fought-fought)
□ be injured 다치다
□ frighten 겁먹게 하다
□ fear 두려워하다
□ from now on 이제부터
□ leave ... alone …을 내버려 두다

Suddenly Little John leaped into the cart and cut
the ropes around Will's hands.

"Now, let's get out of here," said Little John to Will.

The Sheriff shouted at the guards, "Get them!"

Will and Little John fought their way through [1]
the soldiers and escaped to the forest.

Many of the Sheriff's men were injured that day.

This frightened the Sheriff.

"These men fear nothing," he said. "From now on,
I will leave them alone."

---

[1] **fight one's way through** 싸우면서 …을 헤치고(뚫고) 나가다
Will and Little John fought their way through the soldiers.
월과 리틀 존은 병사들과 싸우면서 길을 헤치고 나갔다.

 Check-up Time!

● **WORDS**

알맞은 단어를 보기에서 골라 문장을 완성하세요.

| robe | cart | bow | target |

1 The man was a friar and wore a brown _____.

2 He shot the arrow at the _____.

3 The _____ rolled down the country road.

4 He carried his best _____ and arrows.

● **STRUCTURE**

알맞은 전치사를 골라 문장을 완성하세요.

1 I will hang the man (at, from) the tallest tree in the forest.

2 Robin and his friends dressed (in, as) beggars and storekeepers.

3 They fought their way (through, off) the soldiers.

본문의 내용과 일치하면 T, 일치하지 않으면 F에 표시하세요.

1 The shooting contest was held in London.   T   F

2 Robin wore red clothes in the contest   T   F

3 Robin won the golden arrow and gave it to
   Marian.   T   F

4 After the contest the Sheriff ordered his
   soldiers to beat Robin Hood.   T   F

5 Little John was captured at the Blue Boar Inn.   T   F

● SUMMARY

빈 칸에 맞는 말을 골라 이야기를 완성하세요.

Robin Hood (   ) the shooting contest and won the
prize. He gave it to Maid Marian. The next day the
Sheriff knew Robin won the prize, so he (   ) his men
to catch Robin. They (   ) Will Stutely and planned to
hang him. But Robin and his men (   ) Will.

---

a. captured   b. entered

c. saved   d. ordered

ANSWERS

Comprehension | 1. F 2. T 3. T 4. F 5. F   Summary | b, d, a, c

Will Scarlet and Friar Tuck

윌 스칼릿과 틱 수도사

One morning, Robin Hood and Little John were in the forest.

They heard someone on the path. So they hid behind a tree.

Soon, a stranger dressed in bright scarlet appeared.

Robin stepped out from behind the tree.

"Good morning, stranger," he said. "Dine with me and my men. Afterward, you may give us the coins in your purse."

The stranger refused, so Robin challenged him to a fight. [1]

The two men fought for more than an hour.

□ scarlet 주홍색(의)
□ path 길, 통로
□ hide behind …의 뒤에 숨다
  (hide-hid-hidden)
□ dressed in + 색 …색의 옷을 입은
□ step out from behind …의
  뒤에서 걸어 나오다
□ dine with …와 식사를 하다
□ afterward 그 후에

□ coin 동전, 돈
□ purse 지갑
□ refuse 거절하다
□ more than …이상 (= over)
□ skill 기술
□ at last 마침내
□ throw 던지다 (throw-threw-thrown)
□ ground 땅
□ fighter 전사, 무사

The stranger was stronger than Robin,
but Robin had more skill.
At last the stranger threw Robin to the ground. [2]
"You are a good fighter," said Robin. "You can go."
"I know you," said the stranger. "You are the
outlaw, Robin Hood."
"Yes," said Robin, "that is my name."

---

1 **challenge A to B** A에게 B하자고 도전장을 내밀다 〔신청하다〕
The stranger refused, so Robin challenged him to a fight.
낯선 이가 거절했으므로 로빈은 그에게 싸우자고 도전장을 내밀었다.

2 **throw ... to the ground** …을 땅에 쓰러뜨리다
At last the stranger threw Robin to the ground.
마침내 그 낯선 남자는 로빈을 땅에 쓰러뜨렸다.

"I came here to find you," said the stranger.

"Don't you know me, Robin? I am your cousin, Will."

"What!" said Robin. "I did not recognize you. You have changed."

"So have you," replied Will.※

"Tell me," said Robin. "How are Marian and your father?"

"They are well," said Will. "They are both secretly proud of you." [1]

"But why are you here?" asked Robin.

"I am an outlaw now, like you," said Will.

"I accidentally killed one of my father's servants. The man was a spy for the Sheriff."

"My friend," said Robin. "You must join my band of men."

"I will join you," said Will happily.

"But first," said Robin, "you need a new name. We will call you Will Scarlet!"

☐ cousin 사촌
☐ recognize 알아보다
☐ secretly 남몰래, 비밀스럽게

☐ accidentally 우연히, 사고로
☐ spy for …의 첩자

---

1 **be proud of** …을 자랑스러워하다
They are both secretly proud of you.
그들 두 사람은 비밀스럽게 너를 자랑스러워하고 있어.

Mini-Less⬩n

See p. 95

So + 동사 + 주어 : …도 그렇군요

앞사람이 한 행동에 이어 '…도 그렇다 (마찬가지다)' 라고 할 때는, 동사를 반복하지 않고 「So + 동사 + 주어」 구문을 쓴답니다. 이 때 주의해야 할 점은 So 다음에 오는 동사의 시제를 앞에 나온 동사의 시제와 일치시켜야 한다는 거예요.

A You have changed. 자네 많이 변했어.
B So have you. 자네도 그래.

A I met Ryan yesterday. 어제 라이언을 만났어.
B So did I. 나도 그랬어.

Robin Hood always invited the best fighters to join him. [1]

Will told Robin about a friar named Tuck. [2]

The friar was a great fighter.

"He's stronger than you or Little John," said Will.

"And he's clever."

"Well then," said Robin. "I'll visit this friar and see for myself." ☀

Robin took his sword and bow and set off to find the friar. [3]

He came to a small stream and sat beneath a tree to rest.

Suddenly, he heard footsteps. Then a friar appeared. He was very fat. He had a sword in the belt of his robe. Over his robe, he wore a steel breastplate. He carried a large meat-pie in one hand.

□ clever 똑똑한
□ sword 검
□ beneath …의 밑에
□ rest 쉬다, 휴식을 취하다

□ footstep 발소리
□ steel 철로 만든
□ breastplate (갑옷 등) 가슴받이
□ meat-pie 고기가 든 파이

---

1 **invite + 목적어(A) + to + 동사원형(B)** A에게 B하자고 권유하다 (청하다)
   Robin Hood always invited the best fighters to join him.
   로빈은 항상 최고의 무사들에게 자신의 무리에 합류하라고 권유했다.

2 **명사(A)＋named＋이름(B)** B라는 이름의 A

Will told Robin about a friar named Tuck.
윌은 로빈에게 턱이라는 이름의 수도사에 대해 이야기했다.

3 **set off to＋동사원형** …하러 길을 떠나다 [출발하다]

Robin took his sword and bow and set off to find the friar.
로빈은 검과 활을 챙겨서는 그 수도사를 찾으러 길을 떠났다.

Mini-Lesson

for oneself : 혼자 힘으로, 스스로

전치사 for 다음에 myself, yourself, himself, herself, themselves 등과 같은
재귀대명사가 오면 '혼자 힘으로, 스스로'라는 뜻이 된답니다.

• I'll visit this friar and see for myself. 나 혼자 힘으로 그를 찾아가 보리다.

• For the first time, she opened the bottle for herself. 처음으로 그녀는 혼자 힘으로 그 병을 열었다.

Robin put an arrow into his bow.

"Hey, Friar!" called Robin. "Carry me over the water or I will hurt you." ☀

The friar jumped at the sound of Robin's voice and dropped his pie. Then he looked at Robin.

"Put down your bow," said the friar, "and I will carry you across the stream."

Robin climbed on his back.

Then the friar carried Robin across the stream.

☐ carry ... over the water
　…을 물 위로 건네주다
☐ jump at …에 움찔하다
☐ put down 내려놓다

☐ climb on one's back
　…의 등에 올라타다
☐ bible 성경
☐ good turn 선한 행동
☐ deserve …을 받을 가치가 있다

1 what + 주어(A) + 동사(B) A가 B하는 것
Do for others what they do for you.
다른 사람들이 당신을 위해 하는 것을 당신도 다른 사람을 위해 하라.

"Thank you, Friar," said Robin.

"You are welcome," said the friar. "The bible says, 'do for others what they do for you.' [1]

So now you must carry me back across the water."

"I will do as you ask," [2] said Robin. "One good turn deserves another."

So he carried the friar back across the stream.

[2] **as + 주어 + ask** ⋯가 요구하는 대로
"I will do as you ask," said Robin.
로빈은 "당신이 요구하는 대로 하겠소."라고 했다.

Mini-Less⏾n

명령문 + or / 명령문 + and

명령문 다음에 or와 함께 「주어 + 동사」가 오면 '⋯하라 그러지 않으면 ～할 것이다' 라는
뜻이 되고 and와 함께 「주어 + 동사」가 오면 '⋯하라 그러면 ～할 것이다' 라는 뜻이 된답니다.

• Carry me over the water or I will hurt you.
  나를 시냇물 위로 건네주시오 그러지 않으면 당신을 해칠 것이오.

• Put down your bow and I will carry you across the stream.
  활을 내려놓으시오 그러면 내가 당신을 시냇물 위로 건네주리다.

Then he made the friar carry him across the stream again. [1]

But halfway across, Robin fell from the friar's back into the water.

"There," said the friar. "Now you may sink or swim!"

The friar walked across to the riverbank.

Robin sat in the middle of the stream.

□ halfway across 중간쯤 건넜을 때
□ There 자, 거 봐
□ sink 가라앉다 (sink-sank-sunk)
□ riverbank 강기슭, 강변

□ in the middle of ⋯의 가운데에
□ shoot an arrow at ⋯을 향해 화살을 날리다
□ as you wish 당신이 원하는 대로

He was very wet and very angry.

He began shooting arrows at the friar.

But the arrows bounced off the friar's steel
breastplate. [2]

Soon, all Robin's arrows were gone.

"Come and fight me," cried Robin.

"As you wish," said the friar.

---

1 **make + 목적어(A) + 동사원형(B)** A로 하여금 B하게 하다
   He made the friar carry him across the stream again.
   그는 수도사로 하여금 다시 자신을 시냇물 위로 옮기게 했다.

2 **bounce off** ⋯에 맞고 튀어나오다
   The arrows bounced off the friar's steel breastplate.
   화살들은 수도사의 강철 가슴받이에 맞고 튀어나왔다.

The friar drew his sword and walked into the
stream.

He and Robin began a mighty battle.

Suddenly Robin stepped on a stone.

He fell to his knees.

The friar waited until Robin got to his feet.

"You are a brave fighter and a fair man," said Robin.

"Tell me where to find Friar Tuck."

"I am Tuck," said the friar.

Robin laughed. "You are Friar Tuck?" he said.

"I came to find you. I am Robin Hood. Come and
join my band of men."

"Robin Hood!" said the friar.

He began to laugh too. "Yes, I will join you."

They set out on the journey back to Sherwood. [1]

☐ draw 꺼내들다 (draw–drew–drawn)   ☐ fall to one's knees 주저앉다
☐ mighty 엄청난, 격렬한   ☐ get to one's feet 일어서다
☐ battle 싸움   ☐ fair 공정한

---

1 **set out on the journey back to** …로 돌아가기 위해 길을 나서다
They set out on the journey back to Sherwood.
그들은 셔우드 숲으로 돌아가기 위해 길을 나섰다.

Check-up Time!

● WORDS

빈 칸에 알맞은 단어를 보기에서 골라 써 넣으세요.

clever	proud	fair	scarlet	mighty

1 All the people in that area wear _____ clothes.

2 Mom said to him, "I'm so _____ of you!"

3 She is a nice and _____ student.

4 He recognized the sword was very _____.

5 Everyone says the result of the contest was _____.

● STRUCTURE

괄호 안의 단어 중 맞는 것에 동그라미 하세요.

1 He invited Clara (to join, joining) him at the table.

2 Yesterday I met a girl (name, named) Jasmine.

3 Please stop yelling (and, or) I will beat you.

4 The boy found out where she lived and planned to visit her (for himself, of himself).

ANSWERS

Structure | 1. to join 2. named 3. or 4. for himself
Words | 1. scarlet 2. proud 3. clever 4. mighty 5. fair

다음은 누가 한 말일까요? 기호를 써 넣으세요.

a. 　　b. 　　c.

1 "You are a good fighter. You can go." ____

2 "Now you may sink or swim!" ____

3 "I accidentally killed one of my father's servants." ____

● SUMMARY

빈 칸에 맞는 말을 골라 이야기를 완성하세요.

In Sherwood Forest Robin met a stranger and fought him. But he was Robin's ( ). Robin told him to join his band and named him Will Scarlet. Robin always looked for the best ( ). One day he heard about Friar Tuck and set out to find him. Robin met a ( ) and fought him in the stream. Afterward Robin knew he was ( ).

a. friar　　　　　b. cousin

c. fighters　　　d. Tuck

로빈 후드는 정말 존재했을까?

Did Robin Hood

Well, it's possible. Several men named Robin Hood existed in England at different times. Court records in Yorkshire refer to a "Robert Hod," who was a fugitive in 1226. And in Berkshire, by 1262, the surname "Robehod" was applied to any man who was outlawed.

It is known that in 1266 the Sheriff of Nottingham, William de Grey, was at war with outlaws in Sherwood Forest. But it seems likely that many different outlaws contributed to the reputation of the fugitive in the forest, and over time, the legend grew.

In the early legends, Robin Hood was not an aristocrat, as he was later portrayed. He was a simple villager driven to a life of crime by the harsh laws of the land, which favored the rich. It is therefore easy to see how his story soon became a favorite folk tale among the poor.

Really Exist?

There is, in the grounds of Kirklees Priory, an old grave stone, marking the final resting place of one "Robard Hude." Proof that part of the tale may be true? It would be nice to think so.

아마도 그럴 것이다. 로빈 후드라는 이름을 가진 사람은 영국의 여러 시기에 여러 명 존재했다. 요크셔의 재판 기록에는 1226년 도망자 신분이었던 Robert Hod의 이름이 나온다. 그리고 버크셔에서는 1262년까지 무법자에게는 무조건 Robehod라는 성을 붙였다.

1266년 윌리엄 드 그레이 노팅엄 주지사는 셔우드 숲의 무법자들과 한바탕 전쟁을 벌였다. 다양한 종류의 여러 무법자들이 셔우드 숲에 살고 있는 도망자의 명성을 드높이는 데 기여한 것 같다. 그리고 이것이 시간이 지나면서 전설이 되었다.

초기의 전설에는 로빈 후드가 후대에 묘사되는 것처럼 귀족이 아니었다. 부자들에게 유리한 가혹한 법에 의해 범죄자로 살 수밖에 없었던 일개 평민에 불과했다. 이를 보면 로빈 후드 이야기가 그토록 빨리 가난한 사람들이 좋아하는 민담이 된 이유를 쉽게 알 수 있다.

Kirklees 수녀원에는 Robard Hude이라는 사람의 마지막 안식처를 나타내는 오래된 묘비가 있다. 로빈 후드 이야기의 일부가 사실일지도 모른다는 증거일까? 그렇게 생각하는 편이 좋을 듯하다.

Allan-a-Dale and Maid Marian

앨런어데일과 마리안 아가씨

One night, Robin went for a walk in the forest.

He heard a man singing a love song, [1]

so he hid behind a tree.

The man walked by, playing a harp as he sang.☀

Robin let him go on his way.

A few days later, Little John and Will Scarlet
brought the singing stranger to the camp.
He was very sad.
Robin asked him what was wrong.
"Yesterday," said the young man, "I was engaged to
a girl. We planned to marry in a month. But her
father promised her to a rich old knight. At three
o'clock today, she will marry the knight at
Plympton Church."

□ narrow 좁은
□ go for a walk 산책하러 나가다
□ walk by (걸어서) 지나가다
□ go on one's way 가던 길을 계속 가다
□ bring A to B A를 B로 데리고(가지고) 오다

□ be engaged to …와 약혼하다
□ marry …와 결혼하다
□ promise A to B A를 B에 주겠다고 약속하다
□ knight 기사

---

1 **hear + 목적어(A) + ...ing(B)** A가 B하는 소리를 듣다
He heard a man singing a love song.
그는 한 남자가 사랑의 노래를 부르는 소리를 들었다.

Mini-Less☼n

주어 + 동사, ...ing : …하면서, … 한 채로
어떤 문장 다음에 쉼표가 오고 동사의 ...ing형으로 시작되는 표현이 오면, 이는 앞 문장과
동시에 이루어지는 동작을 표현한답니다.
• The man walked by, playing a harp as he sang. 그 남자는 노래와 함께 하프를 켜면서 지나갔다.
• I opened the door, hoping to meet her again. 나는 그녀를 다시 만날 기대를 하면서 문을 열었다.

"Does the maid love you?" asked Robin.

"Yes," said the young man.

"What is your name?" asked Robin.

"I am called Allan-a-Dale," said the young man.

"Well, Allan," said Robin, "I promise that you will marry your true love today."

Robin took Allan's harp and disguised himself as a singer. ¹

Then he and some of his men set off for the church.

☐ promise+that절 …라고 약속하다   ☐ pass by 지나가다
☐ bride 신부   ☐ brave 힘을 잃지 않는

1 **disguise oneself as** …로 변장하다
   Robin took Allan's harp and disguised himself as a singer.
   로빈은 앨런의 하프를 집어들고는 노래 부르는 사람으로 변장했다.

They saw the old knight arrive at the church with
ten soldiers. Behind him walked the bride. ☀

Robin let the knight pass by.

Then he went to the bride.

"Be brave!" he whispered. "Allan is waiting for you.
You and he will marry today."

See p. 96

Mini-Less ☼ n

부사구 + 동사 + 주어

Behind him walked the bride. (그의 뒤에는 신부가 걷고 있었다.)는 주어(the bride)와
동사(walked)의 위치가 바뀌었는데요, 이는 behind him이라는 부사구를 강조하기 위해 문장
맨 앞에 두었기 때문이에요.

• Under a tree sat a pretty girl. 나무 밑에 귀여운 여자 아이가 앉아 있었다.

When they were inside the church,

Robin and his men took out their weapons.

"Don't move!"

Robin shouted to the old knight and his soldiers.

"The bride will choose her own husband."

Just then, Allan-a-Dale arrived with Will Scarlet. [1]

"Now, maiden," said Robin, "who will you marry?"

The maiden smiled at Allan. [2]

She took his arm.

Then Friar Tuck walked to the altar.

Allan and his maid kneeled before him.

Tuck began the marriage ceremony.

After the wedding, Allan and his bride went to live

with Robin and his men in Sherwood Forest.

☐ take out 꺼내다
 (take-took-taken)
☐ weapon 무기
☐ own (소유격 뒤에서) 자기 자신의
☐ husband 남편
☐ maiden 아가씨, 처녀

☐ smile at …을 보고 미소짓다
☐ altar 제단
☐ kneel before …앞에 무릎을 꿇다
☐ begin a marriage ceremony
 결혼식을 집전하다

1 **just then** 바로 그때
 Just then, Allan-a-Dale arrived with Will Scarlet.
 바로 그때, 앨런어데일이 윌 스칼릿과 함께 도착했다.

2 **smile at** …을 보고 미소짓다
 The maiden smiled at Allan.
 그 아가씨는 앨런을 보고 미소지었다.

A few weeks later,
Robin went hunting.
He was dressed as a
beggar.
As he walked, he [1]
thought of Maid Marian.
He thought of her often
since Allen-a-Dale's
wedding.
She was his best friend when
they were young.
She was now a beautiful young woman.

□ go hunting 사냥하러 가다
□ be dressed as …로 변장하다
□ think of …에 대해 생각하다
□ wedding 결혼식
□ in the distance 멀리서
□ draw (활을) 당기다
　(draw-drew-drawn)

□ fall to the ground 땅에 쓰러지다
　(fall-fell-fallen)
□ fire (활을) 쏘다
□ someone else 누군가 다른 사람
□ slim 호리호리한
□ youth 젊은이
□ right 권리

1　**as + 주어 + 동사** …가 ~하면서
　As he walked, he thought of Maid Marian.
　그는 걸으면서 마리안 아가씨를 생각했다.

2　**How dare + 주어(A) + 동사(B)?** 감히 A가 B하다니?
　How dare you shoot the King's deer?
　감히 네가 왕의 사슴을 쏘다니?

In the distance, Robin saw a deer, so he drew his bow. But the deer fell to the ground before Robin fired his arrow. Someone else had shot the deer. Suddenly, a slim youth appeared and ran toward the deer.

"How dare you shoot the King's deer?" said Robin. [2]

"I have as much right to shoot them as the King," ☀ said the youth.

Mini-Less ☀n

as A as B : B와 마찬가지로(만큼) A한

• I have as much right to shoot them as the King.
  나도 왕과 마찬가지로 사슴을 쏠 권리가 있어요.

• He is as tall as his older brother. 그는 형만큼 키가 크다.

The youth's voice seemed familiar to Robin.
"Who are you?" he asked. "Why are you in the
forest alone?"

"I came to find Robin Hood," said the youth.

"Queen Eleanor needs his help."

Suddenly, Robin saw a fine golden arrow on a chain around the young man's neck.

"Marian," cried Robin. "Is it you?"

"Yes," cried Marian. "Robin, I did not know you!"

"Why are you here?" said Robin.

"I have a message from Queen Eleanor," said Marian. "King Henry has arranged an archery contest. His archers will shoot against any men Queen Eleanor chooses. The Queen thinks your outlaws can beat the King's archers. So she wants you and four of your men to come to London. She will protect you while you are there." ☀

□ familiar 귀에 익은
□ chain 줄
□ arrange 마련하다

□ beat 이기다, 능가하다
　(beat-beat-beat(en))
□ protect 보호하다

Mini-Less☀n

때나 조건을 나타내는 부사절

접속사 while, when, if 등이 이끄는 때나 조건을 나타내는 부사절에서는 주절의 시제가
미래라도 현재 시제를 씁니다.

• She will protect you while you are there. 당신들이 거기 있는 동안 왕비가 보호해 줄 거예요.
• He will be silent if you leave him alone. 그를 가만 내버려 두면 그는 조용해질 겁니다.

So, the next morning, Robin and Marian, with Will
Stutely, Will Scarlet, Allan-a-Dale and his wife and
Little John set off for London. That afternoon,
they met the Queen.

The next day, Robin and his four men competed
against the King's team. Robin's men won the
contest.

Queen Eleanor asked the King to let the outlaws go
free. The King promised them freedom, but only for
forty days and nights.

After forty days, the King sent a message to the
Sheriff of Nottingham. He ordered the Sheriff
to arrest the outlaws immediately.

But the Sheriff failed every time he tried
to capture them.

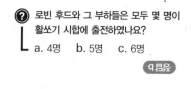

❓ 로빈 후드와 그 부하들은 모두 몇 명이
활쏘기 시합에 출전하였나요?
a. 4명   b. 5명   c. 6명

정답 b

□ **compete against** …와 겨루다
□ **go free** 자유의 몸이 되다
□ **freedom** 자유
□ **forty** 사십

□ **immediately** 즉시
□ **fail** 실패하다
□ **every time** …할 때마다 번번이

A few months later, King Henry died.

His cousin, Richard the Lionheart, became King.

Then he went to fight in the Crusades.

★ 십자군은 11~13세기에 서유럽의 로마 가톨릭국가들이 중동의 이슬람국가에 대항하여 일으킨 총 7차례의 군사원정(대)을 가리킵니다.

Richard's cruel brother, Prince John, ruled instead of him.

Robin worried about Marian.

Her father had passed away and she had no one to protect her.

One day she came to visit Robin.

She told him that the Prince had taken her father's lands.

She was afraid of what the Prince might do to her.

"Come and live in Sherwood Forest!" said Robin.

"My men will protect you, and Allan-a-Dale's wife will be your friend."

And that is how Marian came to live with her friends in the great forest.

☐ Lionheart 사자왕 ; 영국왕 리처드 1세 (Richard I)가 십자군 원정에서 보여준 용맹성 덕분에 얻게 된 별명
☐ fight 싸우다
☐ the Crusades 십자군, 십자군 원정 〔전쟁〕
☐ instead of …을 대신하여
☐ cruel 잔인한
☐ rule 다스리다, 지배하다
☐ worry about …에 대해 걱정하다
☐ pass away 세상을 뜨다
☐ be afraid of …을 두려워하다

Mini-Less☀n

시제의 일치

주절의 동사와 주절 뒤에 오는 종속절의 동사는 시제를 일치시켜야 합니다.

- She was afraid of what the Prince might do to her.
  마리안은 왕자가 그녀에게 어떤 짓을 할지 두려웠다.
- He told me that he would go to France soon. 그는 곧 프랑스로 갈 거라고 내게 말했다.

Check-up Time!

● WORDS

빈 칸에 알맞은 단어를 보기에서 골라 써 넣으세요.

| weapon | knight | altar | maiden |

1 The man and his bride walked near the _____.

2 She is the most beautiful _____ in the village.

3 He was the brave _____ so went to fight in the Crusades.

4 He took out his _____ from the bag and buried it in his garden.

● STRUCTURE

빈 칸에 알맞은 단어를 골라 문장을 완성하세요.

1 She knew what James (will, would) do tomorrow.

2 The boy sang a merry song, (playing, played) the piano.

3 Jasmine is as lovely (as, such) her younger sister.

4 I heard someone (to shout, shouting) in the distance.

5 (How, What) dare you hit him on the head?

이야기의 흐름에 맞게 순서를 정하세요.

a. Allan-a-Dale married his true love.

b. Little John brought a sad man to the camp.

c. Robin disguised as a singer and set off for the church.

d. Robin saw a man singing a love song in the forest.

(   ) → (   ) → (   ) → (   )

● SUMMARY

빈 칸에 맞는 말을 골라 이야기를 완성하세요.

One day, a stranger came to Robin's camp. He was very sad because his love would marry a rich old (   ) that day. So Robin and his men went to the church and let the (   ) choose her husband. A few weeks later, Robin met (   ) in the forest and heard about the message from (   ). He and his friends went to London and won the archery contest.

a. bride

b. Queen Eleanor

c. knight

d. Maid Marian

Robin Meets the King
로빈, 왕을 만나다

One day, Little John and Will Scarlet met a knight
on the road.

He was riding an old horse. The knight seemed sad
and tired.

Little John stepped onto the road.

"My master invites you to dine with him," said
Little John.

"Who is your master?" asked the knight.

"Robin Hood," replied Little John.

"Very well," said the knight. "I have nothing better
to do." [1]

Little John led the knight to the outlaws' camp.

"Welcome," said Robin, politely. "We are just
preparing to eat our supper."

□ step onto …에 발을 내딛다
□ invite A to+동사원형(B) A에게 B하
　자고 초대하다
□ dine with …와 식사하다
□ lead A to B A를 B로 이끌다

□ politely 정중하게, 공손하게
□ prepare to+동사원형 …하려고 준비
　하다
□ supper 저녁
□ feast on …을 실컷 먹다

"Thank you, Robin," said the knight. "I will enjoy
your company while I eat." [2]
The knight sat down with Robin and all his men.
They feasted on meat and chicken and cake.

1 **have nothing better to do** 달리 할 일이 없다
Very well, I have nothing better to do.
잘됐소. 달리 할 일도 없던 참이오.

2 **enjoy one's company** 즐거이 …와 함께 하다
I will enjoy your company while I eat.
즐거이 당신들과 함께 식사를 하겠소.

When supper was over, the knight thanked Robin for the food.

Then Robin asked the knight to pay for his supper.

"I have only ten silver pennies," said the knight.

"Please take them. I wish I had more to give you. ☀
My name is Sir Richard of the Lea.★
Two years ago I was a rich man. Then I went away
to the Crusades and lost
everything."

★ Sir은 영국에서 baronet(준남작)
또는 knight(기사)의 이름 앞에 붙이는
존칭이랍니다.

□ be over 끝나다
□ thank A for B A에게 B에 대해
 감사하다
□ pay for …의 값을 치르다

□ penny (영국의 화폐) 페니
□ fetch (가서) 가져오다
□ repay …에게 돈을 갚다
□ in a year 일년 뒤에

Little John and Will Scarlet heard the knight's sad story. Then they fetched a bag of gold. Marian gave the knight a strong horse.

"Take these gifts, Sir Knight," said Robin. "You have one year to repay us."

There were tears in Sir Richard's eyes as he thanked Robin and his men. "I will return in a year," said Sir Richard. "And I will always be your friend."

Mini-Less☼n

wish + 주어 + 과거형 동사 : …라면 좋을 텐데

See p. 97

'…을 소원하다, 바라다'는 뜻의 동사 wish 다음에 「주어 + 과거형 동사」가 오면 현재사실과 반대되는 상황을 소원하는 '…라면 좋을 텐데'라는 뜻이 된답니다.

• I wish I had more to give you. 당신에게 줄 게 더 많으면 좋을 텐데.
• I wish I could speak French. 프랑스어를 할 수 있으면 좋을 텐데.

Twelve months later, the Sheriff of Nottingham arrested Will Stutely again.

Robin and his men went to rescue him.

There was a fierce battle between Robin's men and the Sheriff's soldiers.

Finally, Robin and his men rode away from Nottingham with the soldiers chasing them. [1]

The outlaws reached Sir Richard of the Lea's castle.

☐ rescue 구하다
☐ fierce 격렬한
☐ ride away (말을 타고) 도망쳐 나오다
  (ride-rode-ridden)

☐ chase 뒤쫓다
☐ let ... in …을 안으로 들이다
☐ shut 문을 닫다 (shut-shut-shut)
☐ land 영지, 영토

1 **with + 명사(A) + ...ing(B)** A가 B하는 가운데
  Robin and his men rode away from Nottingham with the soldiers chasing them. 로빈과 그의 부하들은 병사들이 그들을 뒤쫓는 가운데 말을 타고 노팅엄으로부터 도망쳐 나왔다.

He opened the gates and let them in.
Then the gates were shut.
A few minutes later, the Sheriff and his
soldiers arrived.
"Open the gates!" shouted the Sheriff.
"This is my castle," cried Sir Richard.
"Only the King may tell me
what to do on my own land."
"Then I will speak to the King,"
cried the Sheriff.
The Sheriff and his men
rode back to Nottingham.

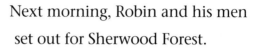

Next morning, Robin and his men
set out for Sherwood Forest.
At the same time, the Sheriff rode
to London to see King Richard.
The King had recently
returned from the Crusades.
The Sheriff told the King all
about Robin Hood and his
outlaw band of men.
He explained that Sir
Richard had rescued the
men.

"Well," said the King, "I must teach those
outlaws a lesson."

 본문에서 왕이 만나지 않은 사람은 누구인가요?
L a. Sheriff b. Sir Richard c. Robin Hood

정답 ㄱ

□ set out for …을 향해 출발하다
□ at the same time 동시에
□ recently 최근에
□ explain 설명하다

□ teach ... a lesson …에게 따끔한 맛
　을 보이다, …에게 한 수 가르쳐 주다
□ in return 그 대가로

1 **protect A from B** A를 B로부터 보호하다
In return he had protected them from the Sheriff's men.
그에 대한 보답으로 그는 로빈의 무리들을 영주의 병사들로부터 보호해 준 것이었다.

The King rode to Sir Richard of the Lea's castle.

Sir Richard told him how he had met the outlaws.

He explained how they had helped him.

In return he had protected them from the Sheriff's men. [1]

The King asked many questions about Robin Hood and his men.

Richard of the Lea told him all he knew.

"I must meet him," said the King. "He seems to be a good man."

So the King rode alone into Sherwood Forest,
dressed as an ordinary knight. He was stopped on
the road by Robin Hood and his men.

"Come and eat with us," said Robin. "We will not
harm you."

"What will it cost?" asked the knight. "I work for
the King. I do not have much money."

"If you work for the King, it will not cost much,"
said Robin. "How much money is in your purse?"

□ ordinary 평범한, 보통의
□ stop (길을) 가로막다
□ harm 해치다

□ cost (비용이) …가 들다
□ give back to …에게 돌려주다
□ ale (맥주의 일종인) 에일
□ raise a toast 축배의 잔을 들다

"I have forty gold coins," said the knight.
Robin took the forty gold coins. He gave one half to his men. The other half he gave back to the knight.
"Sir," he said, "keep this. You may need it more than we do."
Robin led the knight to his camp. He told his men to bring glasses of ale. Then he raised a toast.
"Here is to good King Richard!"

1   **Here is to ...!** ···을 위하여 건배!
Here is to good King Richard!
훌륭하신 리처드 왕을 위하여 건배!

After the feast was over, Robin said to the knight,

"Please tell the King we are loyal, faithful men."

Just then, Sir Richard of the Lea arrived.

He dismounted and kneeled before the knight.

"Good evening, your Majesty," said Sir Richard.

Robin and the Merry Men were very surprised.

"It is the King!" they cried and kneeled before their King.

"Robin Hood," said the King, "swear that you and all your men will always serve the King!"

"We swear!" cried the men.

"Then you are all free men," said the King.

"You are not outlaws anymore. [1]

Little John and Will Scarlet, you are Royal Archers and my own special bodyguard. The rest of you are my Royal Foresters."

- ☐ feast 성찬
- ☐ loyal 충성스러운 (= faithful)
- ☐ dismount 말에서 내리다
- ☐ your Majesty 폐하
- ☐ swear 맹세하다
- ☐ serve …에게 봉사하다
- ☐ Royal (영국의 공공기관, 단체 이름 앞에 쓰여) 영국의, 왕실의
- ☐ special 특별한
- ☐ bodyguard 경호대
- ☐ the rest of …의 나머지
- ☐ forester 산림관

1 **not ... anymore** 더 이상 …않다
  You are not outlaws anymore. 너희들은 더 이상 무법자가 아니다.

Then the King called Robin. "Come here, Robin Hood," said the King, "and kneel before me."

Robin kneeled. King Richard drew his sword and touched Robin on the shoulder.

"You are the new Earl of Huntingdon!" he said. "And I command you to marry Maid Marian tomorrow."

"Yes, Sire," said Robin, with a grin.

Marian blushed and smiled.

In the morning they all rode to Nottingham. That afternoon, Robin and Marian were married. The villagers celebrated with their King and Robin's men.

A day later Robin Hood, Little John, and Will Scarlet said goodbye to their old friends. Then they mounted their horses and proudly rode off to serve their King.

☐ draw one's sword … 의 검을 뽑아 들다
☐ shoulder 어깨
☐ command + 목적어(A) + to + 동사 원형(B) A에게 B할 것을 명령하다
☐ sire (부르는 말로) 폐하
☐ with a grin 씩 웃으며
☐ blush (얼굴을) 붉히다
☐ be married 결혼하다
☐ villager 마을 사람
☐ say goodbye to …에게 작별인사를 하다
☐ mount (말에) 오르다
☐ proudly 당당하게, 의기양양하게
☐ ride off 말을 타고 떠나다

Check-up Time!

● **WORDS**

알맞은 단어를 보기에서 골라 문장을 완성하세요.

dine	fetch	rescue	repay

1 My father invited some of my friends to _____ with my family.

2 The ball dropped over the fence so I let my dog _____ it.

3 She borrowed some money from me and promised to _____ me in a month.

4 Brian was arrested so his friends planned to _____ him.

● **STRUCTURE**

주어진 동사를 문장에 맞게 고쳐 쓰세요.

1 I wish I _____ money to buy you a golden ring now. (have)

2 She watched the video with her baby _____. (cry)

3 He prepared _____ out for Europe. (set)

본문의 내용에 맞게 알맞은 단어를 골라 문장을 완성하세요.

1 The King ordered Little John to be a Royal _____.

    a. Archer   b. Forester

2 The King gave _____ gold coins to Robin and he gave one half to the King.

    a. twenty   b. forty

3 _____ went to London to see the King.

    a. The Sheriff of Nottingham

    b. Sir Richard of the Lea

● SUMMARY

빈 칸에 맞는 말을 골라 이야기를 완성하세요.

One day Robin (   ) a bag of gold to Sir Richard of the Lea. One year later, Sir Richard (   ) Robin and his men from the Sheriff's soldiers. The King (   ) from Sir Richard about Robin and thought Robin was a good man. The King went to Sherwood Forest and (   ) Robin. The King commanded Robin to be the new Earl of Huntingdon and marry Maid Marian.

a. gave   b. heard   c. protected   d. met

After the Story

Reading X-File 이야기가 있는 구문 독해
Listening X-File 공개 리스닝 비밀 파일
Story in Korean 우리 글로 다시 읽기

You're the only man that has ever beaten me in a fight.

당신은 지금껏 싸움에서 나를 이긴 유일한 사람이오.

★　★　★

뛰어난 활 솜씨와 싸움 솜씨로 셔우드 숲 속 무법자들의 대장이 된 로빈은, 어느 날 시냇물의 외다리 다리 위에서 싸움을 하게 됩니다. 이 싸움에서 로빈은 난생 처음 패배를 경험하지만 상대의 실력을 인정하면서 위와 같은 말을 합니다. '…한 유일한 사람'을 뜻하는 the only + 사람 + that이라는 표현을 써서 말이죠. 그럼 마리안과 로빈의 대화를 통해 이 표현을 다시 한번 익혀 볼까요?

Marian

Robin, you are the only one
that I can trust in the world.

로빈, 당신은 내가 이 세상에서 믿을 수 있는 유일한 사람이에요.

Robin

Marian, you are the only woman
that charmed me.

마리안, 당신은 내 마음을 뺏은 유일한 여자요.

So have you.

너도 마찬가지야.

★ ★ ★

한 부잣집 도련님과 싸움을 벌이게 된 로빈은 나중에 그가 자신의 사촌임을 알게 되죠. 이에 로빈이 You have changed.라고 감탄하듯 말하자 사촌도 '너도 마찬가지로 변했어.' 라는 의미로 위와 같이 응답하는데요, 이처럼 앞 사람이 한 행동에 이어 '…도 그렇다〔마찬가지다〕' 라고 할 때는 동사를 반복하지 않고 So + 조동사〔be동사〕+ 주어를 쓴답니다. 이 때 So 다음에 오는 조동사는 앞에 나온 동사의 시제와 일치시켜야 해요.

Oh, it was a great feast.
And I had a wonderful time.

아, 대단한 정찬이었어. 그리고 멋진 시간을 가졌고.

King

So did I, your majesty.

저도 마찬가지입니다, 폐하.

Robin

Behind him walked the bride.

그 남자 뒤에 신부가 걷고 있었다.

★ ★ ★

돈 많고 늙은 기사에게 자신의 약혼녀를 빼앗기에 되었다는 하프 연주가의 하소연을 듣고 교회로 달려간 로빈은 늙은 기사 뒤를 따라오는 신부를 보게 됩니다. 그 광경을 묘사한 위 문장의 주어(the bride)와 동사(walked)의 위치가 바뀌었는데요, 이는 behind him이라는 부사구를 강조하기 위해 문장 맨 앞에 썼기 때문이랍니다. 이처럼 강조를 위해 부사구가 문장 맨 앞에 올 경우, 뒤에 나오는 주어와 동사는 자리가 바뀌어 부사구＋동사＋주어의 순서가 된다는 것, 잊지 마세요.

I'm worried about the safety of the Queen.

왕비의 안전이 걱정되는군.

King

Don't worry, your Majesty.
Beside the Queen stand young bodyguards.

걱정 마십시오, 폐하. 왕비 옆에는 젊은 보디가드들이 서 있습니다.

Will Scarlet

I wish I had more to give you.

자네에게 줄 것이 더 많으면 좋겠는데.

★　★　★

로빈과 그의 무리들은 숲을 지나는 부자들의 길목을 지키고 있다가 정찬을 대접하고는 그 대가를 지불하라는 식으로 돈을 받습니다. 어느 날 우울한 얼굴을 한 기사는 대가를 지불하라는 로빈의 말에 얼마 안 되는 은화를 내놓으며 위와 같이 말하지요. 이때 이 기사는 I wish I + 과거형 동사를 써서 '내가 …라면 좋을 텐데' 라고 현재 자신의 처지와 반대되는 소망을 표현했답니다.

I wish I could sing well like you.

내가 자네처럼 노래를 잘 부른다면 좋을 텐데.

Robin

I'll teach you every day.
Soon you will sing much better.

내가 매일 가르쳐 드릴게요. 곧 훨씬 더 잘 부르게 될 거예요.

Allan-a-Dale

01 내 발음이 변했어요!

t가 y를 만나면 [ㅊ]로 변해요.

우리말과 마찬가지로 영어도 두 소리가 만나서 어색하고 불편한 발음이 되면 그 불편함을 없애기 위해 원래 소리와는 다른 소리로 변해 버리는 경우가 있답니다. 그런 예가 바로 beat 다음에 you가 올 때예요. [비트]와 [유]는 연이어 발음하기가 쉽지 않죠. 그래서 t의 [ㅌ] 발음을 [ㅊ]로 바꾸어 연이어 빠르게 [비츄]로 발음해 버린답니다. 즉, t가 y를 만나면 [ㅌ] 발음이 [ㅊ] 발음으로 바뀌는 거죠. 그럼 이 발음을 본문 34쪽에서 찾아 볼까요?

"Then go," shouted the Sheriff. "Leave town before I order my men to (   )."

beat you 어때요, 제대로 들렸나요? 이제부터는 자연스럽게 [비츄]로 발음하세요.

Help...

02 라번 혹은 라브

[i]는 강세가 없으면 [어]가 되거나 없어져요.

Robin의 발음기호를 사전에서 찾으면 분명 i의 발음이 [i] 로 표시되어 있어요. 그러나 실제로 원어민 발음을 자세히 들어보면 [라번]이나 [라브]에 가깝게 소리나죠. 그건 [i] 발음이 강세가 있는 음절 뒤나 앞에서 [어]로 약해지거나 없어지는 경향이 있기 때문이랍니다. [i] 발음에 강세가 오지 않으면 [어]로 발음되거나 아예 소리가 없어진다는 사실, 본문 36쪽에서 확인해 볼까요?

"Who will tell him that (①   ) Hood won the golden arrow?"
"Don't worry, (②   )," said Little John.

① ② **Robin** [라]에 힘을 주고 [라번] 혹은 [라브]이라고 발음해 보세요.

03 결혼식은 웨딩이 아니라 웨링!

d가 약한 모음을 만나면 [ㄹ]가 돼요~

d 다음에 강세가 없는 약한 모음이 오면, [ㄷ]는 [ㄹ]와 비슷한 굴리는 소리가 나요. 단, d의 앞 음절에 강세가 있는 경우에 그렇답니다. 따라서 강모음 + d + 약모음의 경우, d의 [ㄷ] 소리는 [ㄹ]에 가깝게 소리가 난다고 할 수 있죠. 그럼 이런 예를 본문 64쪽에서 찾아 볼까요?

After the (   ), Allan and his bride went to live with Robin and his men in Sherwood Forest.

wedding 어때요, [ㄹ]에 가깝게 들리나요?
부드럽게 굴리듯이 [웨링]이라고 해보세요.

04 보디가드 아니라 바디가드!

bodyguard의 o는 [아]로 발음하세요.

경호원을 뜻하는 bodyguard, 우리가 아주 잘 알고 있는 단어죠? 하지만 발음도 잘 하고 있을까요? 혹시 [보디가드]라고 발음했다면, 이제부터는 [바디가드]로 발음하세요. bodyguard의 o 발음은 혀를 뒤쪽으로 당기면서 우리말의 [아]를 약간 길게 소리 내는 기분으로 발음해야 한답니다. 그럼 본문 86쪽에서 한번 확인해 보세요.

"Little John and Will Scarlet, you are Royal Archers and my own special (　　　)."

bodyguard [아]를 약간 길게 소리 내는 기분으로 [바디가드]라고 발음하세요.

I'm your bodyguard.

1장 | 무법자 로빈 후드

p.16~17 먼 옛날 영국의 셔우드 숲에 한 무법자가 살았
다. 그의 이름은 로빈 후드였다. 그는 행복한 어린 시
절을 보냈다. 하지만 그러던 어느 날 무법자가 되었다.
그가 무법자가 된 사연은 다음과 같다.

　　로빈이 18살 때, 노팅엄에서 활쏘기 대회가 열렸다.
로빈은 자신이 틀림없이 우승할 것으로 확신했다. 그래
서 그는 자신이 가진 최고의 활과 화살을 챙겨서 노팅엄
마을을 향해 떠났다.

　　로빈이 셔우드 숲을 통과하고 있을 때, 한 무리의 남자들이 나타나 길을 가로막았
다. 거구의 사나이가 로빈을 향해 소리쳤다.

　　"이봐, 꼬마! 장난감 활과 아기 화살을 들고 어디를 가나?"

　　이 말이 로빈을 화나게 했다.

　　"내 활과 화살은 당신 것만큼이나 좋아요. 나는 노팅엄으로 갑니다. 활쏘기 대회에
서 우승할 겁니다."

p.18~19 　　그러자 또 다른 사나이가 말했다. "하하하, 넌 결코 우승하지 못해. 집에
가. 시간 낭비하지 말고."

　　로빈은 정말 화가 났다. 그는 멀찌감치 서 있는 사슴 무리를 가리키며 말했다.

　　"저기에 있는 사슴이 보이죠? 그 중 하나를 쏘아 맞춘다고 장담합니다."

　　거구의 사나이는 웃으며 말했다. "그렇게 한다면, 네 너에게 3실링을 주지."

　　로빈은 활에 화살을 끼웠다. 그는 조준을 하고 사슴을 향해 쏘았다. 화살은 무리 중
가장 튼실한 사슴을 향해 날아갔다. 사슴이 땅에 쓰러졌다.

　　거구의 사나이가 소리쳤다. "넌 왕의 사슴을 쏘았어! 왕의 부하들이 너를 붙잡아 네
두 귀를 잘라버릴 거야!"

　　"저놈을 잡아라!" 아까의 또 다른 사나이가 소리쳤다.

p.20~21 　　로빈은 뒤돌아서서 걸어갔다. 하지만 거구의 사나이는 로빈을 향해 화살을
날렸다. 화살은 로빈의 머리를 스쳐 지나갔다. 로빈은 돌아서서 그 거구의 사나이를

향해 활을 쏘았다. 화살은 사나이의 심장을 뚫었고 그는 쓰러져 죽었다. 로빈은 숲으로 도망쳤다. 이전에 그가 느꼈던 행복은 사라지고 없었다.

로빈은 생각했다. '아, 결코 그 사람을 죽이려던 건 아니었는데. 이제 난 이 괴로움을 평생 짊어지고 살아가겠구나.'

이 일이 있은 후 로빈은 숲 속 깊숙이 몸을 감추고는 무법자로 살아갔다. 노팅엄 주지사는 이 일을 듣고 로빈 후드를 꼭 잡고야 말겠다고 다짐했다.

p.22~23 시간이 흐르면서 로빈은 숲에 살고 있는 다른 사람들을 만나게 되었다. 그들은 모두 무법자였다. 그들 중 어떤 사람들은 가족을 먹여 살리기 위해 왕의 사슴을 쏘았고, 또 다른 사람들은 자식을 위해 빵을 훔쳤던 것이다. 일 년 안에 사람들은 로빈을 자신들의 지도자로 뽑았다.

로빈과 그의 무법자 무리들은 스스로를 '유쾌한 사람들'이라고 불렀다. 그들은 모두 항상 황록색의 옷을 입었다. 그들은 악한 사람들에 대항해 싸우고 여자와 아이는 절대 해치지 않겠다고 다짐했다. 그들은 부자에게서 돈을 빼앗아 가난한 사람들에게 나누어 주었다.

곧 로빈과 유쾌한 사람들은 유명해졌다. 노팅엄 사람들은 로빈과 그의 부하들을 믿었다. 그들은 로빈 후드의 모험담을 이야기했다. 로빈 후드는 그들의 영웅이었다. 그리고 이것이 주지사를 몹시 화나게 했다.

p.24~25 어느 날 아침, 로빈은 숲 속을 거닐고 있다가 외나무 다리가 가로 놓인 작은 개울에 이르게 되었다. 맞은편에는 낯선 사람이 건너오고 있었다. 그는 키와 몸집이 컸으며 길고 굵직한 장대를 들고 있었다.

"자리를 비키시오. 내가 지나가게 해주시오." 로빈이 소리쳤다.

"아니오. 내가 지나가게 해 주시오. 그렇지 않으면 이 장대 맛을 봐야 할 것이오. 나는 당신보다 힘이 더 세오." 상대방이 응답했다.

"어디 누가 더 힘이 센지 봅시다. 기꺼이 당신과 싸우겠소."

로빈은 나무에서 길다란 가지 하나를 꺾은 다음 칼로 가지를 다듬었다.

"자, 개울에 먼저 빠지는 사람이 지는 것이오." 로빈이 말했다.

로빈은 재빨리 다리의 중간 지점까지 걸어갔다. 상대방도 마찬가지로 했다.

p.26~27 로빈은 상대방의 몸에 장대를 휘둘렀다. 상대방도 로빈에게 장대를 휘둘렀다. 로빈은 뒤로 훌쩍 뛰어서 공격을 피했다. 한 시간이 지나자 두 사람은 여기저기 멍이 들고 상처가 나 있었다. 마침내 낯선 사람이 로빈의 머리를 쳤다. 로빈은 화가 나서 상대방을 공격했다. 그러나 상대방은 그 공격을 막았고 다시 로빈을 쳤다. 로빈이 '풍덩' 하고 큰 소리를 내며 개울로 떨어졌다!

상대방은 큰 소리로 웃었다. 그런 다음 자신이 들고 있던 장대의 한 쪽 끝을 로빈에게 내밀었다. 로빈은 개울 밖으로 올라오며 말했다.

"당신은 지금껏 싸움에서 나를 이긴 유일한 사람이오. 이름이 어떻게 되오?"

"나는 존 리틀이라고 하오."

로빈은 이 거구의 남자를 올려다 보고는 웃음을 터뜨렸다.

"존 리틀? 음, 난 이제부터 당신을 리틀 존이라고 불러야 될 것 같소. 나와 함께 하는 무리에 들어오지 않겠소?"

리틀 존은 찬성했다. 그리고 오래지 않아 리틀 존은 로빈의 가장 가까운 친구가 되었다.

2장 | 활쏘기 대회

p.30~31 노팅엄 주지사는 로빈 후드를 잡고 싶어 안달이 났다. 그러던 어느 날, 그는 계략을 세웠다. 활쏘기 대회를 열어 상금을 주기로 한 것이다. 순금 화살을 상금으로 주기로 했다. 로빈 후드는 나라 최고의 궁수였다. 그래서 그는 반드시 대회에 참가할 거라고 여겼다. 그러면 주지사는 그를 잡기만 하면 되는 것이다.

로빈은 대회 이야기를 들었다. 로빈이 친구들에게 말했다.

"대회에 참가하고 싶다네. 누구 나와 같이 갈 사람 없는가?"

리틀 존이 말했다. "로빈, 마을 사람은 모두 이 대회가 함정이라고 생각하고 있어. 주지사가 자네를 잡으려는 속셈이라고."

로빈이 대답했다. "주지사는 나를 잡지 못할 것이야. 변장을 하고 나갑시다."

로빈과 그의 부하들은 수도사와 거지, 상점 주인으로 변장했다. 그런 다음 노팅엄으로 갔다.

p.32~33 마을 사람들이 모두 대회장으로 모여들었다. 주지사와 그 아내는 사격장 높은 자리에 앉아 있었다. 그들 옆에는 로빈의 어릴 적 친구인 마리안 아가씨가 앉아 있었다. 그녀 옆에는 그녀의 아버지인 헌팅턴 백작이 앉아 있었다. 주지사는 로빈이

왔는지 둘러보았다. 주지사는 로빈과 그의 무리들이 항상 황록색 옷을 입는다는 것을 알고 있었다. 하지만 모인 사람들 중에 황록색 옷을 입은 사람은 아무도 없었다.

궁수들은 1회전을 시작했다. 그런 다음 열 명의 궁수가 뽑혀 2회전을 하게 되었다. 이들 중 여섯 명은 유명한 궁수들이었다. 나머지 중 두 사람은 요크셔에서 왔고, 또 한 사람은 런던에서 왔다. 마지막 한 사람은 온통 붉은 색 차림이었다. 머리에는 두건을 쓰고 오른쪽 눈에는 안대를 하고 있었다.

마침내 두 명의 궁수가 남았다. 런던에서 온 사람이 먼저 쏘았다. 화살은 과녁의 중앙 근처에 꽂혔다. 붉은 옷차림의 남자가 다음으로 쏘았다. 화살은 과녁의 한가운데에 꽂혔다.

p.34~35 "참으로 훌륭하다." 주지사가 소리치며 낯선 사람에게 급히 달려갔다.

"여기 상을 받으시게. 그대의 이름은 무엇인가?"

"떠돌이 롭이라 합니다."

"자네는 지금껏 내가 보아 온 궁사 중 최고의 궁사이네. 로빈 후드 녀석보다 백 배 낫지. 그 겁쟁이는 오늘 코빼기도 내밀지 않았어. 이곳에 와서 나의 부하가 될 생각은 없는가?"

"싫습니다. 영국에서는 그 누구도 저의 주인이 될 수 없습니다."

"그렇다면 썩 꺼져. 병사들을 시켜 자네를 두들겨 패기 전에 마을을 떠나."

"알겠습니다, 주지사님."

낯선 사람은 주지사에게서 몸을 돌려 마리안 아가씨에게 다가갔다.

"마리안 아가씨. 이 선물을 받아주십시오."

그는 고개를 숙여 절하며 마리안에게 황금 화살을 주었다.

"고마워요. 두건을 한 롭." 마리안은 미소를 지으며 대답했다.

p.36~37 그날 밤 셔우드 숲에는 축하 파티가 열렸다. 로빈은 걸쳤던 붉은 망토와 안대를 벗었다.

"주지사는 나보고 겁쟁이라고 했어. 로빈 후드가 황금 화살을 받았다고 말해 줄 사람이 없는가?" 로빈이 말했다.

"걱정 말게. 윌 스튜틀리와 내가 주지사에게 전갈을 보내지." 리틀 존이 말했다.

다음날 하인 하나가 주지사에게 화살을 가지고 왔다. 화살대에는 쪽지가 한 장 묶여 있었다. 주지사는 종이에 적힌 내용을 읽어 보았다.

> "주지사님께 하느님의 은총이 가득하기를 빕니다.
> 오늘 주지사님이 유쾌한 무법자 로빈 후드에게
> 상을 주셨기 때문입니다."

"내 이놈을 서우드 숲 가장 높은 나무에 매달고 말테다. 로빈 후드 이놈, 다시는 도망치지 못할 거다."

주지사는 로빈 후드를 잡기 위해 3백 명의 병사를 서우드 숲으로 보냈다. 병사들은 7일 동안 찾았지만 로빈이나 그의 부하들을 보지 못했다.

p.38~39 로빈은 주지사의 계획을 블루 보어 여관에서 듣게 되었다. 처음에 로빈은 대항해 싸울까 하고 생각했지만, 주지사의 부하들이 숲을 떠날 때까지 숨어 있기로 했다.

그러나 8일째 되는 날, 로빈은 윌 스튜틀리를 보내 병사들의 움직임을 살펴보고 오게 했다. 윌은 수도사로 변장했다. 그는 황록색 옷 위에 갈색 수도복을 걸쳤다. 그런 다음 여관 주인에게서 정황을 알아내기 위해 블루 보어 여관으로 갔다.

여관에는 몇몇 병사들이 있었지만, 윌은 두려워하지 않았다. 윌이 자리에 앉자, 여관 주인의 고양이가 윌에게 다가와서 그의 다리에 몸을 비볐다. 그 바람에 병사들은 윌의 수도복 밑에 감춰진 초록색 옷을 보고 말았다. 병사들은 윌을 잡아서 주지사에게 데리고 갔다. 여관 주인은 자신의 딸을 보내 이 소식을 로빈에게 알렸다.

"윌이 내일 교수형을 당할 거래요." 여관집 딸이 말했다.

"그런 일은 없을 거야. 우리가 그를 구할 테니까." 로빈이 말했다.

p.40~41 다음날 아침 일찍, 로빈과 그의 부하들은 노팅엄 마을에 도착했다. 그들은 오후까지 성문 밖에서 기다렸다. 곧 사람들이 몰려오기 시작했다. 마을 사람들은 윌 스튜틀리가 그날 교수형에 처해질 것이라는 것을 알고 있었다.

마침내 윌을 태운 수레가 성문을 통과했다. 노팅엄 주지사는 수레 옆에서 나란히 말을 타고 가고 있었다. 그때 갑자기 리틀 존이 수레 안으로 뛰어들더니 윌의 손목을 묶고 있던 밧줄을 끊어버렸다.

"자, 어서 여기를 **빠져** 나가세." 리틀 존이 윌에게 말했다.

주지사는 수비대를 향해 소리쳤다. "저놈들을 잡아라!"

윌과 리틀 존은 병사들과 싸우면서 숲으로 도망쳤다. 그날 주지사의 부하들이 많이 다쳤다. 이 일로 주지사는 겁이 났다.

"저놈들은 무서운 게 없구나. 이제부터는 저놈들을 내버려 둬야겠다."

3장 | 윌 스칼릿과 턱 수도사

p.44~45 어느 날 아침, 로빈 후드와 리틀 존이 숲에 있을 때였다. 누군가 지나가는 소리가 들렸다. 둘은 나무 뒤에 숨었다. 곧 밝은 주홍색 옷을 입은 남자가 모습을 드러냈다. 로빈은 숨어 있던 나무 뒤에서 나왔다.

"안녕하시오?" 로빈이 말했다. "나와 나의 부하와 함께 식사를 합시다. 그런 다음 당신 지갑에 든 돈을 우리에게 주면 됩니다."

낯선 이는 거절했고, 로빈은 결투를 신청했다. 두 사람은 한 시간 이상 싸웠다. 낯선 이는 로빈보다 몸집이 컸지만, 기술은 로빈이 뛰어났다. 하지만 마침내 낯선 이가 로빈을 땅에 쓰러뜨렸다.

"자네는 뛰어난 무사야. 가도 좋아." 로빈이 말했다.

"난 자네를 알아. 자네는 무법자 로빈 후드지."

"맞네. 그게 내 이름이네."

p.46~47 "난 자네를 찾으러 여기까지 왔네. 나를 모르겠나, 로빈? 자네 사촌 윌일세." 낯선 이가 말했다.

"뭐라고!" 로빈이 소리쳤다. "못 알아봤어. 자네 많이 변했군."

"자네도 마찬가지일세."

"말해 주게. 마리안과 자네 아버지는 어떻게 지내나?"

"두 사람은 잘 지내고 있네. 둘 다 남몰래 자네를 자랑스러워하고 있지."

"한데 여기는 웬일인가?" 로빈이 물었다.

"나도 이제 자네와 마찬가지로 무법자일세. 실수로 아버지 하인 중 한 명을 죽였어. 그자는 주지사의 첩자였어."

"이보게, 친구. 자네도 우리 부대에 합류해야겠네."

"그렇게 하겠네." 윌은 기분 좋게 대답했다.

"하지만 먼저 새 이름이 필요하네. 우리는 자네를 이제 윌 스칼릿이라고 부르겠네." 로빈이 말했다.

p.48~49 로빈은 항상 최고의 무사들에게 자신의 부대에 합류할 것을 권했다. 윌은 로빈에게 턱이라는 이름의 수도사에 대해 말했다. 그 수도사는 뛰어난 무사라고 했다.

"그자는 자네나 리틀 존보다 훨씬 더 힘이 셀걸세. 그리고 머리도 똑똑하고." 윌이 말했다.

"그렇다면 내가 그 수도사를 찾아가서 직접 알아보지." 로빈이 말했다.

로빈은 검과 활을 챙겨 들고 수도사를 찾으러 길을 떠났다. 로빈은 조그만 시냇가에 이르러 나무 밑에 앉아 휴식을 취했다. 갑자기 발소리가 들렸다. 그리고 한 수도사가 나타났다. 그는 매우 뚱뚱했다. 수도복의 허리춤에는 검이 달려 있었다. 수도복 위에는 쇠로 된 가슴받이가 있었다. 그는 한 손에 커다란 고기파이를 들고 있었다.

p.50~51 로빈은 화살을 활에 끼웠다.

"이봐, 수도사!" 로빈이 소리쳤다. "나를 이 시냇물 맞은 편으로 건네주시오. 그러지 않으면 자네를 해치는 수밖에 없소이다."

수도사는 로빈의 목소리에 움찔하더니 파이를 떨어뜨렸다. 그리고는 로빈을 쳐다보았다.

"활을 내려놓으시지요." 수도사가 말했다. "그러면 당신을 건네드리겠습니다."

로빈은 수도사의 등에 올라탔다. 그러자 수도사는 로빈을 시냇물 건너편으로 건네주었다.

"고맙소이다, 수도사 양반." 로빈이 말했다.

"별 말씀을요. 그런데 성경에 '타인이 당신을 위해 해 준 것을 당신도 타인을 위해 하라.'고 나와 있습니다. 그러니 이제 당신은 저를 다시 시냇물 저편으로 건네주어야 합니다."

"말씀하신 대로 하지요. 가는 정이 있으면 오는 정도 있는 법이니까요."

그래서 로빈은 시냇물 건너편으로 수도사를 다시 건네주었다.

p.52~53   그런 다음 로빈은 다시 수도사에게 자신을 업고 시냇물 건너편으로 건너게 했다. 중간쯤 건넜을 때, 로빈은 수도사의 등에서 떨어져 물 속에 빠지고 말았다.

"자, 이제 당신은 가라앉든지 헤엄을 치든지 하시오."

그러더니 수도사는 기슭으로 건너가 버렸다. 로빈은 시냇물 한가운데에 앉아 있었다. 그는 온통 젖었고 몹시 화가 났다. 그는 수도사를 향해 활을 쏘기 시작했다. 그러나 화살들은 수도사의 강철 가슴받이를 맞고 튀어나왔다. 로빈의 화살은 곧 동이 났다.

"이리 와서 나와 한판 붙읍시다." 로빈이 외쳤다.

"소원대로 해드리지요." 수도사가 응답했다.

p.54~55   수도사는 검을 뽑아들더니 시냇물 속으로 걸어 들어왔다. 그와 로빈은 격렬하게 싸웠다. 갑자기 로빈이 돌을 밟았다. 그 바람에 그는 무릎을 꿇고 주저앉고 말았다. 수도사는 로빈이 일어설 때까지 기다려 주었다.

로빈이 말했다. "당신은 용감한 무사일 뿐 아니라 아주 공평한 사나이군. 말해 주시오. 어디를 가야 턱 수도사를 찾을 수 있는지."

"내가 턱이오."

로빈은 웃었다. "당신이 턱 수도사라고? 난 당신을 찾으러 왔는데. 난 로빈 후드요. 유쾌한 사람들 부대에 합류하시오."

"로빈 후드!" 수도사는 이렇게 외치더니 역시 웃기 시작했다. "그럽시다. 합류하겠소."

두 사람은 셔우드 숲으로 돌아가기 위해 길을 나섰다.

4장 | 앨런어데일과 마리안 아가씨

p.60~61   어느 날 밤, 로빈은 숲 속으로 산책을 나갔다. 한 남자가 사랑의 노래를 부르는 소리를 들은 로빈은 나무 뒤에 숨었다. 남자는 노래와 함께 하프를 켜면서 지나갔다. 로빈은 그를 막지 않고 그냥 보냈다.

며칠 뒤, 리틀 존과 윌 스칼릿이 캠프로 노래 부르던 남자를 데리고 왔다. 그는 매우 슬픈 얼굴을 하고 있었다. 로빈은 그에게 무슨 일이냐고 물었다.

그 젊은 남자가 말했다. "어제, 나는 한 여자와 결혼하기로 약속했습니다. 한 달 뒤에 결혼할 계획이었어요. 그런데 그녀의 아버지가 돈 많은 늙은 기사에게 딸을 주겠다고 약속해 버린 겁니다. 그녀는 오늘 세 시 플림프턴 교회에서 그 늙은 기사와 결혼식을 올립니다."

p.62~63 "그 아가씨는 당신을 사랑하오?" 로빈이 물었다.

"네." 젊은 남자가 대답했다.

"당신 이름은?" 로빈이 물었다.

"앨런어데일이라고 합니다."

"음, 앨런. 오늘 당신은 당신의 진정한 사랑과 결혼하게 될 것을 내 장담하리다."

로빈은 앨런의 하프를 들고 가수로 변장했다. 그런 다음, 부하 몇 명과 함께 교회를 향해 출발했다.

이들은 늙은 기사가 병사 열 명과 함께 교회에 도착하는 모습을 볼 수 있었다. 뒤에는 신부가 따라가고 있었다.

로빈은 기사에게 길을 비켜주었다. 그런 다음 그는 신부에게 가서 속삭였다. "힘내시오. 앨런이 당신을 기다리고 있소. 당신과 앨런은 오늘 결혼하게 될 것이오."

p.64~65 그들이 교회 안으로 들어가자 로빈과 그의 부하들은 무기를 꺼내들었다.

"움직이지 마시오!" 로빈은 늙은 기사와 그의 병사들에게 소리쳤다. "신부는 자신의 신랑을 직접 고를 것이오."

바로 그때, 앨런어데일이 윌 스칼릿과 함께 도착했다.

"자, 아가씨, 누구와 결혼하시겠습니까?" 로빈이 물었다.

아가씨는 앨런에게 미소를 지었다. 그리고 그녀는 그의 팔을 잡았다. 그리고 턱 수도사가 제단으로 걸어갔다. 앨런과 그가 사랑하는 아가씨는 수도사 앞에 무릎을 꿇었다. 턱 수도사는 결혼식 집전을 시작했다. 결혼식이 끝난 후, 앨런과 그의 신부는 셔우드 숲으로 가서 로빈과 그의 부하들과 함께 살았다.

p.66~67 몇 주 후, 로빈은 거지로 변장한 채 사냥을 나갔다. 로빈은 걸으면서 마리안 아가씨를 생각했다. 앨런어데일의 결혼식 후 로빈은 자주 마리안을 생각했다. 그녀는 두 사람이 어렸을 때 로빈과 가장 친한 친구였다. 그녀는 이제 아름다운 숙녀가 되어 있었다.

로빈은 멀리서 사슴 한 마리를 보았고 활을

꺼냈다. 그러나 로빈이 활을 쏘기도 전에 사슴이 땅에 쓰러졌다. 다른 사람이 사슴을 쏜 것이다. 갑자기 한 호리호리한 젊은이가 나타나서 사슴 쪽으로 달려왔다.

"어찌 감히 왕의 사슴을 쏘는가?" 로빈이 물었다.

그러자 젊은이는 "나도 왕과 마찬가지로 사슴을 쏠 권리가 있어요."라고 대답했다.

p.68~69   젊은이의 목소리는 어쩐지 귀에 익었다.

"당신은 누구요? 왜 숲 속에 혼자 돌아 다니는 것이오?"라고 로빈이 물었다.

"나는 로빈을 찾으러 왔습니다. 엘리너 왕비님
께서 그의 도움을 받고자 합니다."

젊은이의 목에 걸린 목걸이에 매달린 순금
화살이 로빈의 눈에 들어왔다.

"마리안, 당신이오?" 로빈이 외쳤다.

"맞아요. 로빈, 당신인 줄 몰랐어요!"

"왜 여기 있는 것이오?"

"엘리너 왕비님의 전갈을 가지고 왔어요. 헨
리 왕께서는 활쏘기 시합을 준비하고 계십니
다. 왕의 궁수들은 왕비가 고른 상대들과 싸울 겁니
다. 왕비님은 당신들이라면 왕의 궁수들을 능히
이길 수 있을 거라고 생각하세요. 그래서 당신과 부
하 네 명이 런던으로 오기를 원하세요. 당신이 거기 있는 동안 왕비님이 당신을 보호
해 줄 거예요."

p.70~71   이렇게 하여 다음날 아침, 로빈과 마리안, 윌 스튜틀리와 윌 스칼릿, 앨런어
데일과 그의 부인, 리틀 존은 런던을 향해 출발했다. 그날 오후, 그들은 왕비를 만났다.
다음날 로빈과 네 명의 부하들은 왕의 팀과 싸웠다. 로빈 일행이 시합에서 이겼다. 엘
리너 왕비는 왕에게 부탁하여 이 무법자들을 방면해 달라고 부탁했다. 왕은 그들에게
자유를 허락했으나 고작 40일 밤낮 동안이었다.

40일이 지나자 왕은 노팅엄 주지사에게 전갈을 보냈다. 왕은 주지사에게 그 무법자
들을 즉시 잡으라고 명령했다. 주지사는 로빈과 그 무리들을 잡으려고 했으나 매번 실
패했다.

p.72~73   몇 달 뒤, 헨리 왕이 세상을 떠났다. 그의 사촌인 사자왕 리처드가 왕이 되
었다. 그리고 그는 십자군 원정을 떠났다. 리처드의 동생 포악한 존 왕자가 그를 대신

해 나라를 다스렸다. 로빈은 마리안이 걱정되었다. 그녀의 아버지는 세상을 떠났고 그녀를 보호해 줄 사람은 아무도 없었다.

어느 날, 마리안이 로빈을 찾아왔다. 그녀는 로빈에게 존 왕자가 아버지의 땅을 빼앗았다고 털어놓았다. 그녀는 존 왕자가 그녀에게 무슨 짓을 할지 두려워하고 있었다.

로빈이 말했다. "셔우드 숲으로 와서 우리와 함께 삽시다! 나의 부하들이 당신을 보호해 줄 것이오. 앨런어데일의 부인이 당신의 친구가 되어 줄 것이오."

이렇게 해서 마리안은 셔우드 숲에 가서 친구들과 함께 살게 되었다.

5장 | 로빈, 왕을 만나다

p.76~77 어느 날, 리틀 존과 윌 스칼릿은 길에서 한 기사를 만났다. 그는 늙은 말을 타고 있었다. 그리고 아주 슬프고 지친 얼굴이었다. 리틀 존은 길가로 나섰다.

"주인님께서 당신을 만찬에 초대하셨습니다." 리틀 존이 말했다.

"당신 주인이 누구시오?" 기사가 물었다.

"로빈 후드입니다."

"잘 됐군요. 달리 할 일도 없던 참이오."

리틀 존은 기사를 무법자들의 캠프로 인도했다.

"환영합니다! 마침 저녁을 먹으려고 준비하던 참이었소." 로빈이 정중하게 말했다.

"고맙소, 로빈. 당신들과 즐거이 식사를 하겠소이다." 기사가 말했다.

기사는 로빈과 그의 부하들과 자리를 함께 했다. 그리고 고기와 닭, 케이크 등을 실컷 먹었다.

p.78~79 저녁이 끝나자, 기사는 로빈에게 베풀어 준 음식에 대해 감사의 인사를 했다. 그러자 로빈은 기사에게 저녁 값을 내라고 했다.

"가진 게 은화 10실링밖에 없소이다. 이거라도 받아주시오. 당신에게 줄 게 더 있다면 좋겠는데. 내 이름은 리의 리처드 경이라고 하오. 이 년 전 나는 부자였소. 그런데 십자군 원정에 나가게 되었고 모든 걸 잃었소이다."

리틀 존과 윌 스칼릿은 기사의 슬픈 이야기를 들었다. 그리고 그들은 금화가 든 자루를 가지고 왔다. 마리안은 기사에게 힘센 말 한 필을 주었다.

"이 선물을 받아주십시오, 리처드 경. 일 년 뒤에 갚으시면 됩니다." 로빈이 말했다.

리처드 경은 눈에 눈물이 고인 채 로빈과 그의 무리에게 감사의 뜻을 표했다.

"일 년 뒤에 다시 오겠소이다. 그리고 난 항상 당신들의 친구가 될 겁니다."

p.80~81 열두 달 뒤, 노팅엄 주지사는 윌 스튜틀리를 또다시 붙잡았다. 로빈과 그의 부하들은 윌을 구하러 갔다. 로빈의 부대와 주지사의 병사들 간에 한바탕 격렬한 싸움이 펼쳐졌다. 마침내, 로빈과 그의 부하들은 병사들의 추격을 받으며 말을 타고 노팅엄을 빠져 나왔다. 무법자들은 리의 리처드 경의 성에 이르렀다. 경은 성문을 열어 그들은 안으로 들어오게 했다. 그런 다음 문을 닫았다. 몇 분 뒤 주지사와 병사들이 도착했다.

"성문을 열어라!" 주지사가 소리쳤다.

"여기는 내 성이오." 리처드 경이 소리쳤다. "오직 왕만이 내 땅에서 이래라 저래라 명령할 수 있소."

"그렇다면 내가 왕에게 가서 말하지." 주지사가 소리쳤다.

주지사와 그의 부하들은 말을 타고 노팅엄으로 되돌아갔다.

p.82~83 다음날 아침, 로빈과 그의 부하들은 셔우드 숲을 향해 출발했다. 동시에 주지사는 왕을 만나기 위해 말을 타고 런던으로 향했다. 왕은 최근에 십자군 원정에서 돌아왔다. 주지사는 왕에게 로빈과 무법자 무리에 대해 이야기했다. 리처드 경이 그들을 구해준 일도 설명했다.

"음, 내가 저 무법자들을 만나 따끔한 맛을 보여줘야겠군."

왕은 말을 타고 리의 리처드 경의 성으로 갔다. 리처드 경은 무법자들을 만나게 된 것과 그들이 자신을 도와준 것, 그리고 그 대가로 일 년 뒤 자신이 그들을 주지사의 병사들로부터 보호해 준 사연들을 이야기했다. 왕은 로빈과 그의 부하들에 대해 많은 질문을 했다. 리의 리처드 경은 알고 있는 것을 모두 이야기했다.

"내가 로빈을 만나봐야겠군. 괜찮은 사람처럼 느껴져서 말이야." 왕이 말했다.

p.84~85 그래서 왕은 평범한 기사로 변장하고는 혼자 셔우드 숲으로 말을 타고 들어갔다. 로빈 후드와 그의 부하들이 길목을 지키고 있다가 그를 가로막았다.

"와서 우리와 식사를 하시지요. 당신을 해치지는 않겠습니다." 로빈이 말했다.

"얼마가 드오? 나는 왕 밑에서 일하는 사람입니다. 그런데 돈이 별로 없군요."

"왕을 위해 일을 한다면, 그 대가는 크지 않습니다. 가진 게 얼마입니까?" 로빈이 말했다.

"금화 40냥이오."

로빈은 금화 40냥을 받았다. 그는 그 반을 부하들에게 주고 나머지 반은 기사에게 돌려주었다.

"기사님, 이걸 가지십시오. 우리보다 당신이 더 많이 필요할 것 같군요." 로빈이 말했다.

로빈은 기사를 캠프로 인도했다. 그는 부하들에게 에일을 담은 잔을 가져오라고 했다. 그런 다음 건배를 제안했다. "훌륭하신 리처드 왕을 위하여!"

p.86~87 성찬이 끝나자, 로빈은 왕에게 말했다.

"왕에게 우리는 충성스럽고 충직한 신하라고 전해주십시오."

바로 그때, 리의 리처드 경이 도착했다. 그는 말에서 내려 기사 앞에 무릎을 꿇고 말했다. "안녕하십니까, 폐하."

로빈과 유쾌한 사람들은 무척 놀랐다.

"왕이시다!" 그들은 이렇게 외치며 왕 앞에 무릎을 꿇었다.

"로빈 후드." 왕이 말했다. "너와 너의 부하들은 항상 왕을 섬기겠다고 맹세하라!"

"맹세합니다!" 사람들은 소리쳤다.

"그렇다면 이제부터 너희들은 자유의 몸이다. 너희들은 더 이상 무법자가 아니다. 리틀 존과 윌 스칼릿, 너희들은 이제 왕실 궁수이자 나의 특별 경호대다. 나머지들은 모두 왕실 산림관으로 명한다."

p.88~89 그런 다음 왕은 로빈을 불렀다. "이리 오라, 로빈. 그리고 내 앞에 무릎을 꿇으라."

로빈은 무릎을 꿇었다. 리처드 왕은 검을 꺼내 로빈의 어깨에 갖다 대었다.

"너는 이제부터 새로운 헌팅던 백작이다! 그리고 내일 마리안과 결혼할 것을 명하노라."

"분부대로 거행하겠습니다, 폐하." 로빈은 싱긋 웃으며 대답했다.

마리안은 얼굴을 붉히며 미소를 지었다.

다음날 아침, 그들은 모두 말을 타고 노팅엄으로 향했다. 그날 오후, 로빈과 마리안은 결혼식을 올렸다. 마을 사람들과 왕, 로빈의 부하들이 모두 축하해 주었다.

이튿날, 로빈 후드와 리틀 존, 윌 스칼릿은 옛 친구들에게 작별 인사를 했다.

그런 다음 왕을 섬기러 말을 타고 자랑스럽게 길을 떠났다.